S. POIRSON

Mon Féminisme

BORDEAUX

FERET ET FILS, EDITEURS

15, COURS DE L'INTENDANCE, 15

1904

Mon Féminisme

BORDEAUX — IMP G GOUNOUILHOÙ

S. POIRSON

Mon Féminisme

BORDEAUX

FERET ET FILS, ÉDITEURS

15, COURS DE L'INTENDANCE, 15

—

1904

Mon Féminisme

CHAPITRE Ier

La Femme dans le Passé.

Le « défaut de la plupart des livres est d'être trop longs : quand on a la raison pour soi, on est court ».

Dans cet aphorisme de Voltaire réside la seule excuse, la seule raison d'être de pages aussi brèves, traitant d'un sujet qui comporte des volumes.

A travers la tragique épopée humaine, une des lois fondamentales de notre vie

terrestre est la lutte de l'esprit mâle contre
l'esprit femelle, lutte incessante, toujours
acharnée, souvent féroce, parfois grandiose. Dans cette lutte, l'esprit femelle
joue un rôle immense; s'il y apporte moins
de dialectique que l'esprit mâle, il est autrement hanté que lui par les légendes du
Passé, par un impérieux besoin d'idéal
présent, qui lui font secouer les chaînes
des cruelles réalités et rejeter le poids des
dures et misérables actualités. Certains
auteurs, pour en déduire, paradoxalement
mais sans véridicité, que depuis la création
la Femme triomphe toujours de l'homme,
ont insisté sur les gémissements de l'esprit mâle aux époques de ses défaites.
L'Histoire prouve que ce n'est là qu'un
sophisme. Si les poèmes du cycle homé-
rique, si les théogonies indoue, égyp-
tienne, hébraïque, grecque, etc., sont, en
effet, remplis de la terreur du mystère
féminin; s'ils exhalent des plaintes conti-
nues contre le mal venu de ce mystère,
ils prouvent seulement que les Hélène, les

Calypso, les Maïa, les Isis, les Ève, les
Thaïs, les Astarté, les Cléopâtre, les
Didon, etc., ne furent, au milieu de la
foule féminine asservie, que des victorieuses d'exception, des triomphatrices
isolées.

Afin de nous bien pénétrer d'un sujet
qui, chaque jour, prend des proportions
plus grandes, et dont la conception nouvelle orientera l'Humanité vers de nobles
destinées, il est indispensable de jeter un
regard sur les siècles défunts (qui, comme
le Phénix, renaissent constamment de
leurs cendres) durant lesquels la Femme
fut tour à tour victorieuse ou vaincue.
Sans ce retour en arrière, il est impossible de comprendre pourquoi, aux différentes époques où elle la conquit, elle ne
sut pas conserver sa puissance; il est également impossible de se faire une idée
juste du colossal travail qui lui incombe
encore pour ne plus retomber dans des
erreurs qui semblent avoir fait leur
temps.

Comme le fleuve qui descend à la mer pour ne plus remonter à sa source, toute loi physique a son évolution fatale. Toute loi morale porte en elle la même évolution.

Quelque admirables qu'elles puissent nous paraître dans bien des cas, il est donc puéril de désirer voir renaître les formes sociales du Passé. Mais si nous savons regarder à travers le crible de l'Histoire, nous y verrons, pour la question de philosophie sociale qui nous occupe, une suite de préparations indispensables pour l'avenir, non d'infaillibles exemples à suivre. Il ne faut pas copier servilement le Passé, mais il faut se le rappeler toujours; et les peuples qui honorèrent la vieillesse eurent l'intuition que c'est la grandeur du souvenir qui nous sauve l'espérance.

Les actes même les plus insignifiants de notre vie rendent le plus insciemment du monde un perpétuel hommage au Passé. C'est lui qui renferme des principes immuables. En même temps qu'il est le père de

la Tradition — cette ossature de l'histoire
de l'Humanité, autour de laquelle s'en-
roule pour chaque peuple une beauté na-
tionale — il nous fournit toutes les réflexions nécessaires à l'application de lois
nouvelles, conformes à un moule nouveau.

Et cela est vrai jusque dans la fiction.

En créant d'après les anciens anas popu-
laires les contes immortels qui charmèrent
notre enfance, Perrault subit cette loi de
l'évolution.

J'aime à ouvrir ces pages, forcément
austères, par la délicieuse légende égyp-
tienne qui s'y rattache, en tant qu'elle
montre d'une façon indiscutable le lien
du Passé et du Présent, le fond immuable de celui-là s'adaptant, selon les
temps et les pays, aux formes nouvelles
de celui-ci.

C'est M. Deschanel qui parle :

« Les courtisanes d'Égypte avaient une
réputation de beauté et d'esprit qu'elles
s'efforçaient de maintenir dans le monde
entier.

» Celles de Naucratis étaient les plus célèbres. C'est à Naucratis que vivait cette charmante Rhodope dont le nom traduit en français signifie : « Visage de rose. »

» Le beau Charaxos, frère de Sapho, aimait « Visage de Rose » et en était aimé. Il voyageait de Grèce en Égypte et d'Égypte en Grèce, et à chaque voyage il venait la voir. Pendant un de ses voyages, Visage de Rose ou Rhodope, assise sur une terrasse, regardait le Nil et cherchait à l'horizon la voile du navire qui lui ramenait son amant. Une de ses sandales avait quitté son pied impatient et brillait sur un tapis; un aigle la vit, la saisit avec son bec et l'emporta dans les airs.

» En ce moment, le roi Amasis était à Naucratis et y tenait sa cour, entouré de ses principaux officiers.

» L'aigle qui avait enlevé la sandale de Rhodope, sans que celle-ci s'en aperçût, la laissa tomber sur les genoux du Pharaon, qui fut bien surpris. Jamais il n'avait rencontré sandale si petite et si avenante.

Aussitôt il se mit en quête du joli pied qu'elle chaussait et la fit essayer à toutes les femmes de ses États. Nulle ne put mettre la sandale, nulle, excepté celle à qui elle appartenait. Le roi s'éprit de Visage de Rose et voulut l'avoir pour maîtresse. »

D'après Strabon, Rhodope, cette Cendrillon antique, devint reine au pays du Nil.

Il nous faut maintenant quitter l'Égypte charmeresse pour considérer la femme des temps primitifs, n'ayant pour compagnon que l'être brut et bestial qu'était l'homme d'alors.

Elle fut à cette époque préhistorique une simple génératrice, la terre n'ayant qu'un unique souci : se peupler. Tout en demeurant fidèle à sa fonction, la Femme prit néanmoins peu à peu une influence désignée sous le nom de matriarcat. Bachofen affirme qu'au commencement de l'Humanité la Femme guidait celle-ci et que le matriarcat était considéré comme divin.

Il fut, selon lui, l'origine de la famille et des sociétés; le patriarcat ne s'exerça que par la suite.

Paul Lacombe croit que l'historien-philosophe envisage les pouvoirs du matriarcat avec trop de sentimentalité; que ce régime (origine de la prostitution) s'explique logiquement par le haut ascendant de l'intérêt économique des peuples ([1]).

Quoi qu'il en soit de cette époque reculée et incertaine, au temps de l'auteur des *Proverbes*, la compagne de l'homme était déjà fort prisée : « La Femme intelligente est un don de l'Éternel » (*Prov.*, chap. XIX, v. 14).

« Elle a plus de prix que les perles, » dit le même sage (*Prov.*, chap. XXXI, v. 10). Enfin, il ajoute que la femme vertueuse est la « couronne de son mari » (*Prov.*, chap. XII, v. 14). Au sens biblique du mot, « vertueuse » signifie ici « travail-

---

1 *la Famille sous la société romaine*, par Paul LACOMBE, chap II et III

leuse et fidèle » : non seulement elle est la vigne féconde, mais elle aide à l'abondance dans les greniers et à la richesse de la maison.

Remarquons en passant que pendant une longue suite de siècles, considéré par la femme des classes supérieures comme une disgrâce, voire une honte, le travail recommence aujourd'hui à être prisé dans ces mêmes classes : la femme bien née est prête à ressaisir avidement ce sceptre dédaigné, que, avec une dextérité pleine de grâce, manièrent ses très lointaines ancêtres.

Une erreur généralement répandue, c'est de croire que les barrières élevées contre l'instruction supérieure des femmes datent des temps reculés, et que nous combattons à l'heure actuelle un préjugé ayant ses racines dans l'antiquité.

Rien de plus faux : si, sous une tutelle qui ressemblait fort à l'esclavage, la Femme de l'Ancien Testament jouissait d'une certaine faveur, elle n'atteignit jamais, même de très loin, à l'influence de ses sœurs à l'esprit cultivé : j'ai nommé les immortelles Grecques Sapho, Lais, Aspasie, etc., qui eurent une valeur intellectuelle leur permettant de marcher de pair avec les plus grands hommes de leur temps.

Pourquoi?

Parce que, alors que leurs contemporaines, tenues dans une servilité ignorante, vivaient dans le gynécée dédaignées et en recluses, ces femmes recevaient une éducation et une instruction remarquablement viriles. Les hétaïres ou les « amies pour les voluptés de l'âme » (¹) (il ne faut pas plus les confondre avec les Hiérodules du temple de Corinthe qu'avec les courtisanes d'aujourd'hui) étaient, en vue de leur avenir, élevées et éduquées avec un soin minutieux; on les parait de tout le charme et de toutes les séductions que peut conférer une éducation d'art, et de quel art.... l'Art grec !

_____

1, DÉMOSTHÈNE, *Plaidoyer d'Apollodore*

Fort lettrées, très érudites sans être pédantes, elles attiraient et retenaient chez elles les esprits illustres de leur époque; elles décidaient du succès d'une ode en musique, d'un poème ou d'une pièce de théâtre; elles donnaient aux plus grands politiciens de la gloire athénienne des conseils judicieux sur le gouvernement de l'État.

L'hétaïrisme, au début, joua donc un rôle grand et heureux dans l'émancipation féminine, en ce sens que c'est lui qui fut cause que, pour arriver plus tard à en donner aux autres, on donna de l'éducation et de l'instruction à quelques femmes choisies.

En approfondissant toutes choses, nous voyons (avec le temps pour complice!) surgir de la brutalité ou de l'égoïsme de l'homme les vertus et les qualités de la Femme.

Du mal, sort le bien.

Rome eut aussi ses matrones, dont plusieurs brillèrent d'un très vif éclat. Aujour-

d'hui même, dans les pays où la Femme a
obtenu quelques libertés, elle n'est pas
(à certains points de vue) aussi puissante que dans la société romaine. Là,
épouse libre, elle fonda la famille, institution sociale avant elle mal définie, si
l'affirmation de Bachofen au sujet de l'antique matriarcat est trop téméraire.

Quoi qu'il en soit, il est évident que le
matriarcat et le patriarcat furent la conséquence de conditions économiques dont
l'évolution n'a pas cessé de régir l'Humanité,

Avant l'ère chrétienne, la Gaule donna
la prépondérance à la Femme. Dans le
culte druidique, la prêtresse de Teutatès
jouissait d'un pouvoir illimité ; les plus
sages et les plus vénérables Semnothès
s'inclinaient devant sa toute-puissance.

Maints actes barbares, inhérents à la
férocité du temps, furent abolis par l'influence des druidesses. Ce furent elles qui
adoucirent les mœurs farouches de nos
aïeux : elles jetèrent dans ces cœurs frustes

les germes des qualités chevaleresques dont est douée notre race.

La vierge gauloise de l'époque païenne, drapée dans son fin vêtement de lin blanc, cueillant avec sa serpe d'or le gui vénéré des ancêtres, fut le prototype de la Vierge divine du xii⁰ siècle : à l'ombre du gui sacré, croissait lentement le buis bénit...

Entrons maintenant dans les couvents d'Europe des vii⁰ et viii⁰ siècles.

A cette époque (où les lois, les mœurs, faisant durement peser sur elle le joug masculin, la réduisaient à un rôle presque effacé), la Femme cherche à conquérir son indépendance, à jouir de sa liberté dans des lieux où l'homme les y eût ensevelies : elle demande aux monastères de lui rendre son influence, sa dignité, sa toute-puissance.

Elle n'est pas déçue. Elle conquiert dans ces retraites ce que jamais la femme moderne ne trouvera dans sa vie sportive ! Les couvents des vii⁰ et viii⁰ siècles la menèrent infiniment plus loin et plus haut que ne le feront jamais certaines revendications actuelles. « Une abbesse de ce temps-là, nous dit spirituellement Arvède Barine ([1]), aurait trouvé les chefs d'État modernes de bien mesquins camarades... » La Femme était absolue souveraine d'établissements immenses et redoutés. La toute-puissance noblement exercée ne devient-elle pas légitime?

Les systèmes ne sont grands que par ceux qui les pratiquent. Or, le même auteur nous apprend ce que faisaient ces femmes, qui frappaient monnaie à leur effigie, qui traitaient de puissance à puissance avec les princes de l'Église, et qui, selon Bède ([2]), donnaient des conseils aux potentats de la terre.

Du fond de leur retraite, tout en tenant leurs cours de justice au milieu d'un train magnifique de gentilshommes, de chapelains, d'intendants, de secrétaires, elles formaient un grand nombre d'hommes

---

[1] *Les Couvents du temps jadis* ARVÈDE BARINE
[2] *Histoire ecclesiastique des Anglo Saxons* (672-735)

distingués, tels que n'en produisent guère
aujourd'hui les plus illustres professeurs
d'Oxford et de Cambridge, ni les universités d'Allemagne les plus en renom. Hilda
de Whitby, supérieure d'un couvent de
femmes et d'hommes, vit s'élever à l'épis-
copat cinq d'entre ces derniers, qui avaient
fait leurs études sous sa direction spéciale.

La souveraine constitutionnelle de nos
jours possède à peine l'ombre du pouvoir
que détenaient les abbesses des cloîtres
d'Angleterre et de Germanie. Il est hors
de conteste que ces femmes d'élite eurent
sur leur époque une influence civilisatrice
considérable.

Plus tard, dans les universités italiennes,
la situation de la femme devint très grande.
On raconte à ce propos que l'une d'elles,
Novella Calderina, professeur de jurispru-
dence à Bologne, était d'une si transcen-
dante beauté que, dans la crainte de voir
les étudiants attirés plus par son visage
que par sa science, elle fut forcée de faire
son cours la tête recouverte d'un voile

épais. Savoir sacrifier, même momentanément, sa beauté à une cause sérieuse,
prouve, chez la femme qui en est capable,
une culture d'esprit et un jugement excep-
tionnels.

Ces siècles reculés, où l'autorité féminine
a un éclat extraordinaire, sont suivis du
Moyen-Age. Au cours de celui-ci, la Femme
disparaît derrière un nuage épais et très
noir. Son éclipse provoque des périodes non
interrompues de ténèbres où l'âme sombre
et farouche de l'homme, se grisant de masculinité, redevient barbare. Tous les maux
subis durant cette époque nébuleuse,
toutes les douleurs et toutes les humilia-
tions endurées, toutes les misères accrues,
toutes les aspirations refoulées font à la
Femme, au xii⁰ siècle, un magnifique
tremplin, d'où elle s'élance cette fois...
jusqu'au Ciel!

En effet, en l'an 1134 se lève l'aurore
nouvelle qui va éclairer le monde : le
culte de la Vierge naît à Lyon!

La Femme rêva-t-elle jamais pareille

apothéose? Je ne sache pas que l'homme
puisse la placer plus haut.

Des plis de la robe céleste de Marie, des
grâces inconnues et rafraîchissantes se
répandent sur l'Humanité : des fleurs de
bonté et de douceur, de justice et de
tendresse, desséchées et mortes depuis des
siècles, ressuscitent pour épanouir et par-
fumer les cœurs.

De ses mains bénissantes s'échappent
des gerbes d'étoiles consolatrices; une
sublime clarté illumine la terre; l'Adoration y est de l'Espérance!

Le superbe précurseur de ce magnifique
mouvement, Héloïse, la grande initiatrice,
n'en eut pas même, au fond de son
Paraclet, une fugitive vision. Ce qu'elle
fut, elle l'a été parce qu'elle devait l'être :
l'admirable incarnation du rôle et de la
destinée de la Femme à travers les âges, la
grande éducatrice inconsciente de l'œuvre
immense qu'elle préparait.

Mais pas plus que les autres religions, le
christianisme ne libéra la Femme. Certes,

par la voix miséricordieuse de Jésus, il adoucit sa servitude ; et la reconnaissance de l'esclave pour cette mansuétude — avant lui inconnue — fut immense, car ce fut elle qui empêcha la nouvelle doctrine de sombrer, qui en assura le triomphe.

L'adoration de Marie s'explique en ce sens que toutes les anciennes religions vouèrent un culte à la Femme.

Le premier peuple du monde, les Égyptiens, adorait un principe mâle et un principe femelle; les autres peuples suivirent invariablement son exemple :

Le bouddhisme qui, à l'heure actuelle, compte de si nombreux adeptes sur le globe, doit à une main de femme son symbole vénéré le plus ancien. Voici comment :

Un missionnaire royal, Mahindo (1), fils du roi des Indes Dharmasoka, vint prêcher

---

1. Par ordre du roi Dutugemunu, en l'an 90 avant J.-C., des moines étudièrent la Bible bouddhique enseignée oralement par Mahindo et conservée jusqu'alors par la tradition, ils la transcrivirent en langue « pâli » et fixèrent ainsi le système ésotérique du bouddhisme

les doctrines bouddhiques à Ceylan, où il convertit le radjah ainsi que la reine Anula. Il faut croire que, dès cette époque, la cour donnait le ton, car après la conversion de la souveraine des milliers de sujettes voulurent prononcer leurs vœux.

Mahindo, se jugeant incapable de les recevoir, appela au secours du zèle des néophytes sa sœur Sanghamitta, qui était abbesse aux Indes. Sur sa prière, elle consentit à se rendre à Anuradhapura, capitale de l'île Fortunée (¹).

Lorsqu'elle partit, le roi Pataliputna la chargea de porter à Ceylan une branche du Bô-tree, l'arbre historique le plus antique du monde, et sous lequel Bouddha reposa sa tête vénérée.

Pour un imaginatif, quel débarquement que celui de Sanghamitta, princesse de sang royal, prêtresse indoue, drapée dans une étoffe précieuse couleur du soleil,

---

1 Ceylan, nommée Lanka, de *laka* « obtenir » île où l'on obtient le bonheur

descendant de son navire de santal et de
perles, en pressant sur son sein la branche
sacrée du Bô-tree!

Il n'y a que la mythologie du Gange
pour enchâsser de pierreries, revêtir de
violet, d'or et de mauve la forme si pure
d'une philosophie où, toujours, la Femme
joua un rôle prépondérant. Et n'est-ce pas
merveille que, sur cette terre antique et
glorieuse des légendes védiques, elle trouve
un argument en faveur des droits qu'elle
invoque aujourd'hui?

Cybèle, Maïa, la Mylitta, l'Aphrodite,
Vénus, etc., furent pour l'Orient ce que
Edda, Freya, etc., furent pour le Nord.
Nous venons de voir le catholicisme, au
sortir du Moyen-Age barbare, se rendre
compte de l'impérieuse nécessité d'instituer
un culte de beauté et de douceur. Ne fût-
ce que pour l'apaisement que le culte de
Marie donna aux âmes terrifiées de cette
sombre époque, ce culte a droit à la grati-
tude humaine.

Il remplaça celui des déesses païennes,

culte licencieux, répugnant à l'extrême, et, par la grande idée du catholicisme, devint un idéal de consolation et de spiritualisme chrétien.

Pour terminer ce bref aperçu sur le Passé, jetons un dernier coup d'œil sur un siècle aimable et galant entre tous : le xviiie siècle.

L'Histoire est pleine d'enseignements : aussi ne consulte-t-on guère ce fidèle miroir de l'Humanité. Quand on lit les mémoires d'il y a cent ans, on est frappé de l'autorité qu'exerçait alors la Femme, de l'ascendant ouvert ou caché qu'elle possédait et qui se faisait sentir jusque chez ceux qui gouvernaient les peuples. Quelle activité, quelle vigueur elle savait communiquer aux esprits d'élite !

Combien de fois accorda-t-elle la lyre du poète ! Que d'écrivains inspirés par elle ! La vraie gloire, la supériorité par excellence est tout autant d'inspirer que de composer ou de créer. Comme à cette époque elle encourageait l'Art, ce culte du

Beau, dont elle devrait toujours être la grande Prêtresse!

Depuis cent ans, qu'est devenue cette influence? Hélas! les plus belles comme les plus nobles choses ont des éclipses : chaque fois que l'Histoire nous montre la Femme sous la domination de l'homme (c'est-à-dire lorsqu'elle perd son influence sur lui), nous la voyons condamnée aux pires avilissements : c'est le retour fatal à la barbarie.

Eternelle lutte des sexes!

Mais pourquoi, dans cette lutte vieille comme l'Humanité, la Femme, malgré des époques de si grande puissance, ne put-elle jamais conserver son pouvoir? Pourquoi, forte de sa ruse féminine, arme de défense (non d'agression) dont elle usa en représailles légitimes, ne fut-elle pas victorieuse? Pourquoi retomba-t-elle toujours si bas, après être montée si haut?

Trois motifs nous en donnent l'explication :

1° Depuis que des lois existent, elles ont été faites *contre elle.*

Or, la Loi est l'arme omnipotente de l'homme, elle seule a pu assurer l'impunité à son orgueil, à son égoïsme; il les y abrite trop commodément pour rien changer à un état de choses qu'il trouve parfaitement selon sa convenance : à l'égoïsme, la justice est inconnue.

2° A chaque apogée de son omnipotence, qu'elle sent éphémère (parce que cette omnipotence n'est étayée sur aucune loi, ne repose que sur la finesse, la ruse, faisant d'elle un être d'astuce au lieu d'une créature de droiture et de grandeur), la Femme se grise de féminité, comme l'homme de masculinité, et elle abuse de son pouvoir... jusqu'à le perdre.

3° Pas plus que l'homme, elle ne comprend l'équilibre des sexes; pas plus que lui, elle ne connaît l'harmonie qui résulterait des deux puissances alliées : ce dicton « l'union fait la force » est vide de sens pour tous les deux.

L'homme, jusqu'ici, a toujours voulu dédaigner l'équilibre, ignorer l'harmonie,

Ce dédain, cette ignorance ont été tout
autant à son propre détriment qu'à celui
de sa compagne, A cette dernière revien-
dra la gloire — dans un temps lointain
sans doute — de saisir le rapport entre cet
équilibre et l'harmonie des sexes, de pratiquer des choses de beauté qui lui sont
jusqu'ici restées inconnues, ou sont de-
meurées en elle à l'état latent.

Je ne crois pas me tromper en affirmant
qu'au xv° siècle sonnera pour la Femme
une heure historique et solennelle, une
heure à la préparation de laquelle les
siècles passés n'auront pas travaillé en
vain, une heure qui la fera aussi grande
qu'elle l'a jamais été, une heure enfin qui
conférera à sa grandeur une stabilité qu'elle
n'a point connue.

Puisse-t-elle comprendre l'immense portée du geste qu'on attend d'elle! Puisse-t-
elle, quand sonnera cette heure prochaine,
y apporter tous ses espoirs, toutes ses
réserves d'énergies refoulées et intactes;
puisse-t-elle se souvenir que le principe

altruiste de l'Humanité lui est confié, et que tout progrès réalisé par elle est un trésor acquis à tous. Si, quand sonnera cette heure, elle ne se sent pas « un grand peuple neuf au milieu des nations lasses » (¹), elle retombera dans les abîmes que, de temps immémorial, elle a si vaillamment franchis.

Cette heure grandiose, ardemment convoitée, c'est celle des revendications *légales* de la Femme. Hormis les lois, ni religion, ni philosophie, ni quoi que ce soit au monde ne pourra libérer la Femme. Lorsqu'elle les aura conquises, l'Humanité entrera dans une voie nouvelle, réalisant de nouveaux progrès, auxquels elle a souvent aspiré, mais qu'elle n'a point encore goûtés.

Pleine d'héroïsme et d'ardeur divine, la Femme réussira-t-elle dans la tâche qui lui incombe, tâche magnifique, certes, mais hérissée d'obstacles séculaires?

---

1 Marcel Prévost, *lettres a Françoise*

Se laissera-t-elle abattre par les reculs
nombreux et inévitables inhérents à toute
cause non acceptée? Nous augurons
qu'ayant accumulé en elle une sève et
des qualités qui doivent assurer son
triomphe final, cette Isolée des siècles
passés, cette grande Résignée des temps
antérieurs, aura la force d'accomplir une
rénovation sociale qui, en l'adoucissant,
atténuera la Douleur à travers le monde.

CHAPITRE II

Féminisme et Féminisme.

VANT d'entrer plus avant dans le vif de notre sujet, il faut s'entendre sur ce mot « Féminisme », qui a donné lieu à diverses interprétations et à beaucoup d'erreurs. C'est un néologisme élastique qui, avec le temps, se resserrera dans sa juste limite.

Et tout d'abord :

Qu'est-ce que le Féminisme?

C'est une révolution morale; c'est une tentative des femmes vers le mieux; c'est

un ferment révolutionnaire qui a boule-
versé leurs consciences, et qui fait sourire
des hommes au jugement étroit et borné.

Le Féminisme est aussi le terrain de
revendications légitimes momentanément
étouffées, ou déchirées par les ronces et les
épines de théories ridiculement fausses et
grotesques.

Le Féminisme peut encore être défini :

Une puissante évolution en marche de
la pensée actuelle. Marche certaine, vigoureuse, que nous subirons comme nous su-
bissons celle des lois cosmiques; marche
qui sera forcément retardée ou accélérée
par les événements.

Un fleuve qui se jette à la mer ne peut
être endigué : tel le courant féministe. Ce
courant deviendra immense dans l'Histoire,
irrésistible comme la marée, qui monte
lentement, infailliblement. Les flots de ce
nouvel océan se heurteront plus d'une
fois contre le roc dur, puissant, afin de s'é-
lancer plus haut que lui, pour se disperser
ensuite en belles et douces gerbes d'écume.

Le Féminisme est un fluide ubiquitaire. Il a pu sourdre en silence à travers les âges afin d'amener l'évolution actuelle, évolution *économique* comme le sont les autres évolutions de l'Humanité. Nier le grand mouvement contemporain serait absurde. Mais l'instant n'est pas venu de s'en féliciter ou de s'en attrister. Pour tout esprit libre d'idées de polémique, dégagé de préjugés, discret de conclusions futures, l'heure qui va sonner est grave : elle comporte, dans les champs vastes et inconnus de l'avenir, des choses incalculables.

Pour la saine compréhension des lignes suivantes, il faut (en attendant que le mot ait acquis sa juste valeur) diviser le Féminisme en deux parties :

1° Le Féminisme « sectaire »;

2° Le Féminisme « rationnel ».

Examinons brièvement le premier afin de l'éliminer une fois pour toutes de ces pages, où il n'a que faire.

Qu'est-ce donc que le Féminisme « sectaire »?

3

C'est l'aberration indispensable de toute
'évolution à sa genèse, aberration inhé-
rente à l'infirmité du jugement humain.

Le Féminisme « sectaire », c'est le pen-
dule qui, au début, s'élance violemment
vers l'extrême limite de son oscillation.
Dans son essence propre, le Féminisme
« sectaire », de par l'exagération du fou-
gueux élan de la première heure, dépasse
le but : il retarde ainsi la marche vers la
perfection de sa cause, l'avènement du
nouveau règne. Un génie, un grand penseur, qui fut aussi un grand croyant, a
dit : « Ce sont les catholiques qui font le
plus de tort au catholicisme »(¹); mot profond, qui trouve ici son juste parallèle : ce
sont les Féministes qui font le plus de tort
au Féminisme.

L'émancipation de la Femme est une
idée qui date des temps les plus lointains.
Or, l'Idée, chez les peuples, parcourt lentement un chemin pénible... En France,

---

1 GOUNOD

où nous tiendrions tout particulièrement à lui faire honneur, nous y parvenons moins qu'ailleurs; oh! pour une raison bien simple : toujours on en parle, jamais on n'y pense!

M. Louis Chabaud cite comme « précurseurs » du Féminisme, Mmes de Maintenon, de Genlis, Campan. Si ces dames revenaient sur terre — ce dont Dieu les préserve — je crois qu'elles répudieraient avec indignation ce titre de « précurseur de la révolution féminine ».

Certes, elles servirent la cause, mais en éducatrices seulement, et ne furent jamais que le très pâle reflet de leur grande devancière, Héloïse.

Aux éclaireurs modernes de la première heure, aux Olympe de Gouge, aux Théroigne de Méricourt, etc., aux bicyclistes garçonnières contemporaines, aux étudiantes aventureuses, aux salutistes affolées, en un mot à toutes les féministes « sectaires », réservons un peu d'indulgence au milieu de notre légitime indigna-

tion! Se jugeant trop magnifiquement
douées pour ne pas se croire une entité,
elles deviennent les pionniers nécessaires
qui plantent brutalement et bruyamment
les premiers jalons ; elles frappent dur et
fort : avant de se faire entendre, ne faut-il
pas crier qu'on existe? Après le coup de
gong assourdissant des avant-coureuses,
viennent leurs revendications absurdes et
exagérées. Elles réussissent ainsi à écarter
d'elles les esprits modérés, qu'elles éloignent des réformes présentes en leur faisant chérir plus vivement les formes du
Passé. Mais, je le répète, que notre sévérité
soit tempérée : à de rares exceptions près,
les sectaires seuls sont des convaincus. Il y
aurait des pages follement drolatiques à
écrire sur un état social futur où toutes les
conditions féministes « sectaires » seraient
réalisées.

De sa plume spirituellement ironique,
M. H. Kistemaeckers nous en donne, dans
ses *Lettres de Jeannine*, une partielle
mais amusante vision. En premier lieu

— cela va de soi — la démolition du mariage ; puis « les causes de cette destruction, qui se résument par les éléments de l'apophtegme suivant : vice spécialisé sous le nom d'amour, i. e. amour, distinction des sexes, alors que nous en voulons (ce sont les sectaires qui parlent) l'unification ; amour qui accentue les différences entre l'homme et la Femme alors que nous voulons les abolir ; amour qui spécialise la Femme dans ses attributs distinctifs ; amour qui entrave la marche ascensionnelle de la Femme vers ses droits, sa liberté, sa puiss.nce : haro ! sur l'amour ! »

L'inénarrabl gâchis d'un pareil état social futur nous fait reculer d'épouvante. Nous lui préférons le Féminisme sectaire de jadis, où, malgré l'aversion qu'il nous inspire, le renversement total du rôle de la Femme n'allait pas sans quelque grandeur.

C'était au temps où les femmes étaient soldats : elles habitaient les rives du Thermodon, en Cappadoce, et étendaient leurs conquêtes à presque toute l'Asie-Mineure. Elles s'appelaient les Amazones (de *a* privatif et du grec *mazos :* mamelle). Dès l'enfance, on leur brûlait ou comprimait le sein droit, afin qu'elles pussent tirer de l'arc avec facilité. Pour perpétuer leur race, elles avaient un commerce passager avec les hommes des pays voisins, gardaient les filles, mais renvoyaient au père les enfants mâles. Elles eurent leurs reines et leurs héroïnes célèbres : Sphione, qui félicita Jason; Ménalippe, qui donna sa ceinture à Hercule; Hippolyte, qui envahit l'Attique; Penthésilée, qui secourut Troie et fut tuée par Achille; Thalestris, qui visita Alexandre. Ce fut une Amazone de la Scythie, Thomiris, qui fit périr Cyrus.

Au vIII⁰ siècle, la Bohême, comme les Grecs, posséda ses Amazones; celles-ci, sous leur reine Vlasta, s'organisèrent en corporation militaire et civile. Pendant huit années, elles firent la guerre à Przemislas, duc de Bohême, exterminant ou réduisant à l'esclavage les hommes vaincus.

Encore actuellement, dans l'Afrique du Centre, il y a des tribus où les femmes, plus fortes que les hommes, exercent le commandement. Chez les Afghans se trouve une peuplade dont les femmes guerroient et chassent pendant que les hommes s'adonnent aux soins domestiques.

Le roi des Achantis, dans l'Afrique Occidentale, et le roi du Dahomey, dans l'Afrique Centrale, possèdent des régiments de gardes du corps recrutés exclusivement parmi les femmes et commandés par elles. Bien plus, en temps de guerre, et pour les exciter à la bravoure, ces gardes du corps précèdent les guerriers mâles, leur en donnent l'exemple, et se signalent par une audace et une rage de destruction extraordinaires.

Voilà un phénomène parfaitement explicable, basé sur la supériorité physique; les temps s'accomplissent où notre orgueil masculin recevra d'autres coups!

Pour en revenir au Féminisme « sectaire » actuel, il est le prélude nécessaire de revendications qui, plus tard, deviendront justes et sensées. La mesure qui préside à l'ordre de l'univers physique est, dans l'ordre moral, non moins rigoureusement indispensable pour résoudre une question sociologique tendant au rétablissement de l'équilibre des sexes. Bien qu'ayant pris sa racine dans la générosité, le Féminisme « sectaire » est en train de disparaître : une générosité vide de bon sens nuit à une cause plutôt qu'elle ne la sert. Aujourd'hui encore, l'erreur fondamentale de la Féministe « sectaire » est de vouloir prendre la place de l'homme pour usurper le rôle de ce dernier en lui sacrifiant celui de la Femme. Immense méprise d'où découlerait un désordre indescriptible à cause d'exigences diamétralement opposées aux privilèges de son sexe et en désaccord avec l'essence même de sa féminité. Qui dit manque d'ordre, dit manque d'équilibre; l'émancipation vulgaire abolirait du coup l'amante, l'épouse et la mère !

La Féministe de la première heure, la Féministe « sectaire », est une révoltée. C'est pourquoi le socialisme veut l'incorporer dans son mouvement. Mais si le vrai Féminisme et le socialisme jaillissent d'une source identique : le soulagement de l'Humanité, là se borne l'analogie. Leurs moyens d'y atteindre sont, comme cela sera prouvé plus loin, en flagrant délit de divergence.

Terminons cet aperçu sur le Féminisme « sectaire » en disant qu'il confond « évolution » (qui ne veut pas dire révolution) avec « agitation », et qu'il oublie que tout excès mène à la chute finale. Les revendications féminines ne s'obtiendront jamais, surtout dans notre pays, par des manifestations publiques. Elles y seront continuellement accueillies avec goguenarderie : l'estrade en plein vent est un détestable tremplin pour la cause.

Et maintenant, qu'est-ce que le Féminisme « rationnel » ?

Je ne saurais en donner une meilleure ni une plus succincte définition que celle de la devise d'une de ses Revues : « Tous nos droits, tous nos devoirs. » Pour accomplir ceux-ci, il faut obtenir ceux-là. Nous voyons la Femme se mettre à l'œuvre dès que quelques-uns des premiers lui sont acquis. Fière et sérieuse devise, qui condamne celle des Romains envers leurs esclaves : « Aucun droit, tous les devoirs, » sous laquelle, de temps immémorial, l'homme a cru devoir courber la Femme.

Le sort de cette dernière parmi les peuplades primitives, puis dans les nations plus civilisées, révèle un fait capital au point de vue de l'évolution morale de l'Humanité — sujet en dehors du nôtre, mais s'y rattachant étroitement — c'est qu'à son début terrestre l'homme ne fut pas semblable aux autres animaux : il leur fut très inférieur.

Jamais ni les mammifères ni les vertébrés ne maltraitèrent leur femelle comme l'homme maltraita la sienne.

Mais si à ce fonds de brutalité première, si à ce fonds d'égoïsme surpassant celui des brutes de la création, la Femme doit sa sujétion séculaire, il faut qu'elle sache que c'est pendant les siècles de son humiliation que germèrent sourdement en elle, dans l'ombre, les qualités et les vertus qui assureront un jour son triomphe final.

Il ne faut pas l'oublier, le Féminisme « rationnel » a pour but le relèvement du corps social par l'affranchissement de la Femme.

Je cours au-devant de l'objection spontanée : l'affranchissement complet de la Femme concourra-t-il à l'amélioration de la collectivité ?

Oui et non. — Oui, si la Femme est élevée autrement qu'elle ne l'est actuellement, si on lui apprend à être non pas un reflet, mais une énergie. — Non, si la faible éducation et l'instruction presque nulle qu'elle reçoit présentement lui sont continuées. Son affranchissement tournerait alors à un désastre qui la conduirait

— avec l'homme — aux pires catastrophes.

Changer la façon d'élever la jeunesse
féminine chez nous doit être tenté pour
deux raisons : premièrement, n'ayant pas
encore eu recours à ce changement, on
ne peut dire s'il réussira ou s'il échouera;

Secondement, après la faillite lamentable,
totale de la Femme actuelle, une formule
nouvelle s'impose. Il est louable d'en faire
l'épreuve. Jouet inutile lorsqu'il n'est pas
pervers, la Femme nulle ou mauvaise a
fait banqueroute. Il faut donc orienter différemment celle qui devra être désormais
l'alliée de l'homme, non pas sa conquête.

Il est évident que la Femme future, telle
que l'entrevoit le Féminisme «rationnel»,
ne sera nullement appréciée par une
certaine catégorie masculine. Cette catégorie est majorité aujourd'hui. Elle sera
minorité demain, alors que la Femme,
élevée autrement, éduquera différemment
ses fils, n'en faisant plus des tarés de l'Humanité comme le débauché, l'égoïste, l'oi-

sif, Que ceux-ci — dont nous n'avons pas
à nous occuper ici — se rassurent: malgré
tout le progrès réalisé, la satisfaction de
leurs vices trouvera toujours à être pour-
vue. Qu'ils nous fassent donc grâce de
leurs clameurs bestiales, car les plus véhé-
ments anti-féministes parmi nous sont ceux
qui veulent avant tout que la Femme
demeure la serve de leur plaisir charnel.

Un peu de réflexion montrera combien
le Féminisme « rationnel » est intimement
uni à la question sociale.

De tout temps l'homme a forgé des
chaînes pour sa rivale, chaînes de fleurs
ou de fer selon les époques. Encore en ce
siècle, et malgré le réveil salutaire pour
la condition meilleure de la Femme, couronner de roses la victime pour la tromper
et mieux l'abattre est un procédé de l'antiquité qui n'a pas vieilli. Aussi, spoliations
de tous genres, lois arbitraires, dénis de
justice, etc., ont-ils fait plus d'une fois de
fortes brèches dans le bastion des préjugés
séculaires. Cette fois-ci, le Féminisme

« rationnel » menace d'en raser les forte-
resses pour entrer triomphalement dans
la place ; dans « les lois ».

J'ai vu dernièrement, dans l'atelier d'un
incomparable artiste, une ébauche de *la
Femme entre l'Histoire et la Science*.

Sur une toile aux dimensions de tableau
de musée sont groupées, debout, trois
figures de grandeur naturelle ; d'une main,
l'Histoire (le Passé) retient légèrement la
Femme par son vêtement ; de l'autre, armée
du glaive de la Justice, elle lui indique un
cadran où va sonner pour elle l'heure
d'une ère nouvelle. La seconde figure
représente la Science (le Présent) posant
avec calme mais fermeté son bras sur
l'épaule de la Femme, tandis que de l'autre, avec un geste auguste, elle lui montre
les champs immenses et inexplorés de
l'Avenir. La Femme, entre le Passé et le
Présent, semble percer d'un regard lumi-
neusement doux le nouvel horizon de ses
futures victoires. Son attitude est grave,
son expression est noble. Les ailes éployées

de l'Histoire et de la Science projettent
sur elle leur ombre protectrice : cette tri-
logie symbolique est très belle et d'une
dignité imposante.

Il est naturel que pendant les siècles où
la Science fut muette, l'homme, animal
incontestablement plus fort physiquement
que sa compagne, se soit considéré comme
supérieur à elle, qu'il se soit ancré dans
une idée entièrement à son avantage. Et il
l'a fait avec une ténacité d'autant plus
grande que cet adversaire, dont il mépri-
sait l'infériorité, le dominait complètement à certaines époques de son histoire,
et cela, en dépit des lois promulguées
contre lui.

Alors que les muscles de l'athlète domp-
taient jadis le monde, la force physique
de l'homme (où la constitution plus délicate de la femme trouva aide et protection) possédait une valeur intrinsèque
énorme. Cette supériorité ne fut que tran-
sitoire : le jour où la puissance des ma-
chines relégua la force de l'homme à l'ar-

rière-plan, elle se trouva éclipsée par le
règne de la Pensée. Même avec ce règne,
tant que les lois resteront celles de la
Force, notre civilisation si prônée ne sera
que vantardise et barbarie. C'est dans cette
nouvelle puissance intellectuelle que la
Femme, agrandissant son rôle, étendra
notoirement son domaine : le « machi-
nisme » a forcé vers les carrières libérales
la puissance des cerveaux.

La Science de la fin du xixᵉ siècle nous
révèle que, dans la création, l'organisation
de la femelle est supérieure à celle du
mâle. Les instincts de celui-ci, moins
éveillés, le rendent plus rebelle qu'elle à la
domestication et au dressage. Par un enchaînement de preuves ininterrompu, la
science démontre l'importance de la
femelle sur notre planète. De plus, cette
même science s'est occupée des facultés
cérébrales de la Femme. Un savant, le doc-
teur Manouvrier, dans ses recherches d'a-
natomie comparative au Laboratoire d'an-
thropologie de Paris, prouve que le volume

relatif du cerveau féminin est très supérieur
au volume du cerveau de l'homme.

« Ce fait, dit-il, fut tourné au désavan-
tage du sexe masculin, d'après les idées
reçues, si je n'eusse démontré en même
temps que la supériorité quantitative et
relative n'entraînait une supériorité intellectuelle qu'à masse égale du corps. Pour
que la Femme soit aussi bien douée que
l'homme sous le rapport du volume cérébral, il faut que ce volume cérébral soit
relativement supérieur chez elle à cause de
son infériorité de taille. C'est effectivement
ce qui a lieu, etc. » (Mémoire paru en
1894.)

Les savants, divisés sur ce sujet comme
sur tant d'autres, n'en formulent pas
moins de temps à autre des aphorismes
égayants! Proudhon a écrit que « la pensée
de tout être vivant est proportionnelle à sa
force ». La baleine et la fourmi, l'éléphant
et l'abeille lui donnent un démenti aussi
comique qu'effronté! Puis, on sait que la
plupart des découvertes de notre grand

Pasteur furent faites lorsqu'il était paralysé de la moitié du corps! Autre affirmation : « Plus l'être sain est *sensible*, plus il est *intelligent*; » d'où il découle, ô sublime logique! que la Femme, reconnue *plus sensible* que l'homme, lui est cependant intellectuellement *inférieure!* Contradiction exquise, d'un comique de haut goût, qui ne fait guère honneur aux psychologues, pathologues et anatomistes, Par hasard, « contredire » serait-il synonyme de « bredouiller »? Ni eux ni d'autres ne peuvent affirmer que nos sens, tels que nous les connaissons, soient les seuls intermédiaires entre les faits extérieurs et notre intelligence; il faut faire la part de facteurs inconnus; le rapport de la sensibilité avec les sentiments et les idées est encore, pour nous, lettre close.

La psychologie expérimentale naît à peine... C'est à elle qu'incombera, dans les siècles futurs, la tâche d'expliquer et de démontrer non pas l'*infériorité* de la Femme, mais la *différence* intellectuelle

entre celle-ci et l'homme. Aussi bien,
puisque les savants ne s'accordent pas,
écartons-nous de la brume de leurs hypo-
thèses : élucidons une fois pour toutes,
froidement si possible, non par la science
mais par les faits, cette irritante question
de l'infériorité féminine.

Le fait est brutal; il parle haut ; avec lui
aucune tergiversation.

Une chose demeure au plus haut degré
frappante dans la lutte des sexes : la défense
féroce de l'homme contre un adversaire
dont l'infériorité (absolue et certaine pour
lui) excite son mépris. Pourquoi opposer
à un être aussi faible le plus meurtrier des
engins, « la Loi »? Ecrase-t-on un mouche-
ron avec une massue ? Un arsenal de
guerre à ce point redoutable ne fait-il pas
ressortir la puissance et non la faiblesse de
l'ennemi? Pourquoi l'homme s'ingénie-t-il
à élever des barrières infranchissables
contre un si piètre combattant ? Ne serait-
ce pas pour enrayer, endiguer un pouvoir
ubiquitaire qui le déroute et l'inquiète?

Voilà un fait. En voici un autre. (Je l'ai
dit, avec eux, aucune échappatoire.)

Malgré les difficultés énormes et de tous
genres qui ont hérissé le chemin des
femmes à travers les âges, un grand nombre d'entre elles se sont illustrées intellectuellement au même degré que les
hommes, alors que pour ceux-ci ces
mêmes obstacles n'existaient pas. Est-il
téméraire d'avancer que l'effort gigan-
tesque de ces cervelles féminines, sans
atavisme intellectuel puisque les cerveaux-
ancêtres n'avaient pas été enchaînés,
courbés à des travaux auxquels les cerveaux masculins sont aguerris depuis des
siècles — dénote chez la femme une organisation supérieure, et si perfectible qu'elle
ferait honneur, s'il existait, à un troisième
sexe plus fort que les deux autres?
Renversons le cas. L'homme y eût échoué
parce qu'à une intelligence remarquablement développée il fallait joindre une
volonté de persistance et de rigueur qui
n'est pas dans le tempérament masculin.

Un sujet dont la dispute serait éternelle
serait d une éternelle inutilité ; tel n'est pas
le cas du Féminisme. Mais encore faut-il,
pour convaincre, prouver ce qui est démontré. Or, si le Féminisme réclame l'éducation intégrale — refusée depuis des siècles à la Femme – c'est parce qu'il est
stupéfiant (privées d'instruction comme
elles l'ont été jusqu'e ces derniers temps)
de les voir déjà révéler leurs inventions
dans l'industrie humaine.

Quelle plus haute preuve de l'initiative
féminine, paralysée par la minorité séculaire de la femme !

C'est à la *Fronde* que nous devons les
détails suivants ; c'est elle qui nous conduit vers ces humbles inventrices insoupçonnées. Et cependant elles ont plus d'enfants, malgré le travail de leur cerveau,
que la mondaine qui bâille, figée dans
son ennui et son oisiveté. Elles s'occupent
autrement plus des petits que celle-ci,
quand cette dernière consent à avoir...
un unique rejeton !

Telle de ces inconnues a pris un brevet pour le perfectionnement des coussinets employés pour parachever les bras de poulies, roues, etc. ; telle autre remédie à la défectuosité d'un robinet tournant; une troisième trouve l'amélioration du fer à cheval; d'autres encore inventent, qui une teinture, qui un système d'appareils à pressoir, un appareil inhalateur, un véhicule maritime, un système pour projeter l'air sous pression à haute température ; enfin, les femmes collaborent au perfectionnement des appareils qui éprouvent la rectitude du calibre des canons d'armes à feu, etc., etc.

Nous ignorons ces choses... et bien d'autres encore. Mais, de jour en jour, l'initiative féminine, moins enfermée dans les lisières dont l'homme a garrotté la Femme, prendra de plus en plus son libre essor. Saluons, au xx° siècle, ce beau départ de la Femme !

Avant d'aller plus loin, expliquons un mot totalement répudié par le Féminisme

« rationnel », un mot qui, jaillissant du cerveau de l'homme en une heure d'aveugle folie, lui a fait commettre bévues sur iniquités : ce mot, sonore et malfaisant, c'est... l'Égalité. L'explication de ces quatre syllabes est aussi simple que brève; elles ne signifient rien, absolument rien : ce qu'elles voudraient représenter n'existe nulle part dans la nature.

Chimère de l'aberration humaine, l'Égalité, comme toutes les chimères, fausse les réalités saines et vraies. Les mêmes droits pour tous n'impliquent pas l'égalité de tous, puisque, pour chacun, un droit identique aura des effets divers. Cette répartition du droit se nomme la Justice. Il ne faut pas confondre la Justice, qui existe, avec l'Égalité, qui n'existe pas. Un esprit sain subira sans la comprendre cette loi souveraine de l'univers : « l'Inégalité, » qui n'est pas non plus synonyme d'Injustice.

Chaque fois que l'homme viole une loi de la nature, c'est à son détriment. Vou-

loir que la Femme soit l'égale de l'homme,
c'est vouloir... l'absurde. Or, l'absurde
est l'immense domaine des doctrines féministes « sectaires ». Mais si les égalités
n'existent pas, les équivalences existent.
Et ce sont elles que le Féminisme « rationnel » invoque, et invoque très fort.
Jusqu'à quel point cette prétention est-elle
justifiée ? C'est ce que nous étudierons dans
le chapitre suivant. Terminons celui-ci en
insistant pour que la question de l'équilibre des sexes — toujours mal posée à
cause du mot néfaste d'Égalité — le soit
comme suit . « L'équivalence des sexes. »

Qui dit « équivalent » dit « adéquat ».
L'intelligence de la Femme est « équivalente » à celle de l'homme : elle lui est
« adéquate ». Autrement dit, elle a la *même*
valeur, bien que cette valeur soit *autre,*
soit *différente.*

Et voilà, très nettement formulée, la revendication du Féminisme « rationnel »,
revendication que voit éclore le xx° siècle,
revendication pour laquelle il se passion-

nera, recherchant objectivement et scientifiquement les causes du grand mouvement féministe.

Qu'au début le mouvement s'égare, c'est inévitable; seul, le résultat final importe.

CHAPITRE III

Droits revendiqués par le Féminisme
rationnel :
Leur Rapport avec la Sociologie.

ᴄᴏᴍᴍᴇɴçᴏɴꜱ par nous occuper des droits de la Femme avant de parler de ses devoirs, ceux-ci ne pouvant se délimiter et se pratiquer qu'autant que ceux-là seront connus et acquis.

Le Féminisme « rationnel » exige que, juridiquement et civilement, la Femme soit traitée *comme* l'homme. L'adverbe,

ici, ne doit pas donner lieu à un malen-
tendu : il ne signifie pas à « égalité de »,
mais bien « de façon équivalente à ».
Cette revendication est mesurée, juste,
sage. La compagne qui n'est qu'esclave,
soit nominalement, soit effectivement,
n'est pas faite pour relever le mariage,
pour donner de la dignité à la famille,
pour travailler au perfectionnement du
corps social. Les améliorations partielles
obtenues sont insuffisantes pour poser,
encore moins pour résoudre équitablement
ce grand problème des rapports sociaux
entre les deux sexes.

Puisque la Femme a les mêmes devoirs
que l'homme, puisqu'elle encourt les
mêmes responsabilités pénales, pourquoi
deux poids et deux mesures? Que signifie,
en l'occurrence, deux justices? N'avait-elle
pas raison la « sectaire » Olympe (¹) de
s'écrier, dans un élan de farouche et superbe franchise : « Les femmes ayant le

---

1. Olympe de Gouges.

droit de monter à l'échafaud, elles doivent avoir celui de monter à la tribune. »

L'homme s'entêtant à vouloir l'égalité des êtres et des choses (sauf toutefois vis-à-vis de sa compagne!) a imaginé de faire jouir, civiquement et civilement, des mêmes privilèges le génie et le crétin. Quand les sentiments nobles côtoient l'absurde, ils tombent dans l'incohérence : c'est ainsi que la loi reconnaît l'académicien le plus instruit comme l'égal du pauvre diable le plus ignorant, comme inférieure à ce dernier la plus supérieure des femmes! Oh! je sais... pour rectifier si tardivement la claudication par trop accentuée d'une telle justice, il faudrait bouleverser le Code de l'antique droit romain, cher à Napoléon Ier, qui y laissa subsister à l'égard de la Femme tous les édits de rigueur et d'iniquité contre lesquels elle se révolte aujourd'hui. Le despote se cabrait devant l'influence féminine, qu'il redoutait dans les affaires de l'État..., sans pouvoir s'en passer! C'est lui qui

écrivait de sa propre main, au-dessous de
la lettre à son ambassadeur en Pologne :
« Surtout, soignez les femmes. » La griffe
acérée du législateur vengea cruellement
la patte de velours du ministre.

Actuellement, en ce qui concerne la
Femme, le vénérable Code a fait son temps :
ses lois, les mœurs qui en découlent ne
sont plus que les formules étriquées du
Passé ; elles entravent l'essor du Présent
et compromettent la réalisation de l'Avenir.

« La Femme, a dit Hugo, est civilement
mineure et moralement majeure. » Ceci
est vrai surtout en France, où la Latine a
un réel retard sur sa sœur anglo-saxonne.

La raison du tardif développement féministe chez nous et de son extension à
l'étranger provient de différentes causes,
mais tient essentiellement à ce que les
partisans du mouvement sont, dans notre
pays, ou des indifférents ou des sectaires.
Une autre pierre d'achoppement, c'est
l'hostilité très marquée de la majeure
partie de la bourgeoisie catholique. Enfin,

comme ici tout ce qui est au-dessus des coutumes de la nation est taxé de ridicule, ceux qui osent briser le moule de la routine, autrement dit, ceux qui rompent avec les usages consacrés ne sont épargnés ni par l'ignorance ni par la raillerie, laquelle en France décapite toute innovation.

Il faut bien le dire, les femmes elles-mêmes sont réfractaires à leur amélioration, et A. Bebel a eu raison d'écrire « qu'un esclavage qui dure des centaines de générations finit par devenir une habitude ». Telle la mélancolique histoire de ce pauvre curé français que M. J. Bois visita à Muttra.

Perdu dans ce coin de l'Inde depuis quarante ans, il ne savait même plus parler sa langue! Chapelain de quelques Irlandais catholiques échoués sur cette terre lointaine, son esprit anémié végétait plus qu'il ne vivait. L'habitude avait façonné ce cerveau, elle l'avait soumis et courbé à son unique fonction, tant et si bien qu'il ne connaissait ni le pays, ni les

indigènes, ni leur religion ! Sans doute, une
nécessité impérieuse — qui n'arriva pas —
eût secoué l'anémie cérébrale gagnée au
pays de Chrisna. Pour la Femme, cette
nécessité est venue, qui va rompre une
torpeur séculaire et nous la montrer ce
qu'elle est, et non ce qu'on la fait.

Fourrier estime qu'elle mettra peut-être
plus d'un siècle à conquérir ses droits
civils et politiques; il prédit, jusque-là,
l'incohérence sociale. Pourtant, le groupe
des « Féministes sectaires » voulant prouver la totale infériorité masculine semble
marcher à grands pas à la même faillite
que le groupe — beaucoup plus nombreux
— des hommes qui désirent limiter l'action
de la Femme. De jour en jour, le programme de l'illustre Condorcet est mieux
compris; tout homme qui met son jugement au service de ses idées acquiesce à
ce que, avec son habituelle précision, le
savant philosophe définit :

« Ou aucun individu de l'espèce humaine n'a de véritables droits, ou tous

ont les mêmes; et celui qui vote contre
les droits d'un autre, quels que soient sa
religion, sa couleur ou son sexe, a dès
lors abjuré les siens. »

On accorde maintenant à la Femme que
son devoir au travail y égale son droit : ni
l'un ni l'autre ne lui seront plus retirés.
En France, les institutions exploitent la
Femme. Elles font partie de l'arsenal de
guerre dont l'homme s'entoure pour se
défendre contre elle. Mais, d'une part,
l'âpre lutte pour la vie; de l'autre, l'équivalence des droits civils pour les deux
sexes (procès gagné devant l'opinion) ont
forcé l'homme à lui ouvrir quelques carrières dont jadis elle était bannie. C'est
ainsi que les femmes peuvent être avocats
et médecins. Si le préjugé populaire sur
l'incapacité féminine hérisse de difficultés
leur chemin, la sottise de l'esprit humain
ne semble pas entraver leur élan ; l'utilité
de la doctoresse est reconnue officielle-
ment, et l'Assistance publique n'a qu'à se
louer de l'incorporation des femmes dans

son service. Un point intéressant, et tout
à l'honneur du Féminisme français, c'est
que nulle part, pas même en Amérique,
où beaucoup de femmes dirigent des jour-
naux hebdomadaires et autres, aucun de
ces organes ne possède une administra-
tion et un outillage exclusivement féminins, comme ceux de *la Fronde*.

La Française excelle dans les affaires :
elle sait conduire avec habileté et circons-
pection des usines, des industries considérables. Les maisons de commerce gérées
par elle sont généralement fort prospères.
L'incapacité de l'Exclue est donc en train
de disparaître, lentement, doucement, sans
heurt, sans secousse, sans révolution apparente. Excellent pronostic : ce n'est pas par
une brusque saute de vent qu'un mouvement aussi important dans ses conséquences peut et doit évoluer. Une loi récente
accorde à la Femme d'être témoin; une
autre est en gestation pour que son mari
ne puisse toucher à son salaire personnel.
Ne pas faire droit à cette revendication,

dans toutes les catégories et dans toutes
les classes, ce serait une honte pour le
siècle. De même, pourquoi à tâche identique le salaire féminin serait-il moindre
que le salaire masculin? C'est aux femmes
à faire valoir cette réclamation, soit en
se syndiquant, soit de toute autre façon.
Leur lutte énergique, leur poussée violente
dans les nouvelles conditions économiques
forceront l'homme à changer les lois. Et
ce, non par un noble sentiment ou par
esprit de justice, mais simplement parce
que dans ce revirement formidable son
égoïsme — autrement dit son intérêt —
se trouvera face à face avec l'impérieuse
nécessité de faire de sa compagne (qui ne
veut, ne peut plus être sa servante) une
alliée, non une rivale. Quand l'ouvrier
voudra faire cesser la concurrence féminine, il admettra les femmes dans ses
syndicats. Alors, nous le répétons, aussi
intéressées que lui dans le droit du dit
syndicat, elles seront les associées, non
plus les rivales.

Au point de vue des résultats économiques, il n'y a ni hommes ni femmes : il n'y a que des unités de production.

Avec quelle lenteur inouïe cette idée, incomprise, butée à l'ignorance, fera-t-elle son chemin dans des cerveaux obtus et hostiles à leurs propres intérêts !

« La Femme devant la loi, dit très judicieusement Th. Bentzon, est un point qui ne pourra se résoudre qu'avec l'aide même de la Femme. » En lui fermant les emplois faciles et lucratifs, en lui refusant l'accès des hautes situations sociales et administratives, on commet une iniquité : à proprement parler, la question « féminine » n'existe pas : il n'y a qu'une question « humaine ».

L'homme du xx° siècle sera forcé d'abroger l'esprit étroit et brutal des corporations du xviii°, si éloquemment dénoncé par le grand économiste Turgot.

Que pour lutter contre les barrières qui les séparent encore de leur complète libération les vraies féministes mettent leur ardeur, leur douceur puissante au service d'une indomptable volonté, elles seront finalement victorieuses.

D.-B. Montefiore résume ainsi le devoir de la Femme envers elle-même pour commencer à conquérir son indépendance économique et politique :

« Ce que la femme du xx° siècle doit faire pour son affranchissement et celui de sa race, c'est d'insister sur la nécessité d'une instruction professionnelle et technique dans les mêmes conditions que celle donnée aux hommes; c'est de s'organiser et de se syndiquer en vue d'améliorer les conditions de son travail, ceci pour se garantir du surmenage et de l'exploitation; et, finalement, c'est de créer une assurance maternelle à laquelle elle participera selon ses moyens, proportionnellement aux taux des cotisations qu'elle aura payées. »

Ce que les femmes demandent pour tous les travaux professionnels ou autres, c'est l'équité, non la faveur. Le Féminisme

« rationnel » veut que la Femme puisse développer ses capacités ou ses talents (dans n'importe quelle voie) par un libre accès à des carrières où ces dons et ces capacités — qui peuvent être de premier ordre — soient à même d'être utilisés aux différents travaux qui les réclament. Atrophier les facultés d'un sexe, c'est, politiquement et économiquement parlant, priver l'humanité de valeurs immenses.

Or, extraire de cerveaux supérieurs un travail supérieur, c'est une grosse question d'économie sociale. Nous la comprenons mal; même, nous ne la comprenons pas du tout. Notre hostilité naturelle nous pousse à limiter une concurrence nouvelle : nous souffrons déjà trop de celle qui existe entre nous.

Si l'on objecte que le champ du travail est insuffisant pour la masse qui s'y rue, pour quelle raison en donne-t-on l'accès aux hommes et le refuse-t-on aux femmes?

Si l'on veut interdire à celles-ci les car-

rières où les hommes se sont spécialisés,
d'accord ; mais à condition de supprimer
également aux hommes les professions
essentiellement féminines. Alors plus de
couturiers, de gynécologues, de commis et
vendeurs d'articles de femmes; plus de
doucheurs, de masseurs pour dames, etc.

Tout cela n'est donc qu'une répartition
arbitraire faite par l'homme afin de se
réserver, au détriment de sa faible compagne, le monopole des fonctions lucra-
tives. Mais celle-ci va entrer dans la lutte.
Les conditions de la vie s'étant modifiées,
il faut pourtant qu'elle vive. Et de cette
phase nouvelle dans laquelle pénètrent les
peuples dépend l'évolution sociale qui y
correspond.

Il faut se méfier des sophismes économiques qui pèchent par la base. Il y a
gaspillage et perte pour une nation lorsqu'elle condamne à la paresse — ou à un
labeur inférieur — des facultés créées pour
l'activité, organisées pour un travail supérieur. Voilà encore un exemple où la

question sociale et le Féminisme ne font qu'un.

En attendant les réformes du Code qui lui sont dues, qu'elle sache attendre, la Résignée des siècles. Elle sait très bien que la vraie Femme — au grand sens de ce mot — ne sera jamais uniquement une forte en mathématiques, une rhétoricienne accomplie, une polyglotte : humble ou éclatante, elle sera toujours à la hauteur de sa destinée.

Je lis quelque part : « Ne me parlez pas « culture » pour la Femme; parlez-moi « exemples. »

La Femme cultivée ne parlera jamais d'exemples : elle les donnera. Sous ce nouveau nom de « Féministe », elle n'est pas une révoltée Elle est une aspirante au mieux, à des droits *équivalents,* non pas égaux à ceux de l'homme. Quant à la concurrence entre les sexes, le jour où certains métiers interdits à l'organisation féminine feront place à d'autres à elle exclusivement réservés, elle sera moins amère. En se substituant à l'homme dans quelques travaux sédentaires, tels ceux des bibliothèques, bureaux, ministères, comptoirs, etc., la Femme rendra à celui-ci l'incomparable service de le « déféminiser ». Elle le forcera, en effet, à exercer des métiers plus rudes, à s'atteler à des besognes plus pénibles, à s'élancer dans des entreprises hardies, voire dangereuses, où le mouvement, les découvertes, les voyages développeront sa vigueur et sa volonté.

L'énergie féminine s'est élevée alors que l'énergie masculine s'abaissait.

Les professions libérales qui viennent se heurter à des questions d'ordre physiologique — que les Féministes « sectaires » veulent ignorer — devront rester hors de cause : elles seraient une anomalie semblable à celle du commis de magasin qui, du matin au soir, mesure de la dentelle.

La Femme ne doit pas plus être forgeron que l'homme nourrice. Elle a fait toutes ses preuves comme éducatrice, comme professeur. Quant à son accès à l'École des Beaux-Arts, au Prix de Rome, ce sont deux victoires tardives : lui refuser les moyens d'éducation artistique à la portée de l'homme, c'était une injustice absurde. On l'a supprimée comme on en supprimera bien d'autres.

Restent les droits politiques. Je le répète : à notre insu, les nouveautés de demain ont leurs racines dans le Passé.

Dès 1302, en France, pour élire les députés aux États - Généraux, les femmes votaient comme les hommes.

Un fait curieux à relever dans le Plaid général d'Apples de 1327 (à trois lieues et demie de Lausanne), c'est que les femmes étaient admises dans l'Assemblée générale ou Plaid de cette terre. Un certain nombre d'entre elles figurent comme parties dans cet acte de 1327. De plus, l'office de la Foresterie devait passer par droit d'aînesse aux filles, de préférence aux garçons puînés (¹).

_____

1 Renonciation de 1331

A l'époque de la chevalerie, dans notre pays et en Angleterre, les femmes siégeaient à l'égal des pairs dans les conseils du Roy.

Plus près de nous, avant la Révolution, les femmes influentes nommaient leurs déléguées aux Assemblées provinciales; mais c'était à charge par celles-ci d'élire les députés aux États-Généraux. Ce qui faisait que beaucoup de ces derniers devaient aux dames l'honneur de siéger. Condorcet voulut faire bénéficier la propriété bourgeoise de la vertu politique du fief féminin féodal. C'était juste : aussi y échoua-t-il. Mais, vraiment, l'illustre marquis n'eut rien à se reprocher si ni la Constituante, ni la Législative, ni la Convention n'accordèrent à la Femme un seul droit politique. Dès 1787, il écrivait dans son *Esquisse d'un tableau historique des progrès de l'esprit humain* : « Parmi les progrès les plus importants pour le bonheur général, nous devons compter l'entière destruction des préjugés qui ont établi

entre les deux sexes une inégalité de droits
funeste à celui même qu'elle favorise ! »

Puis, insistant, il invoque la croyance
de son siècle rationaliste à la Raison :
« N'est-ce pas en qualité d'êtres sensibles,
capables de raison, ayant des idées morales, que les hommes ont des droits ? Les
femmes doivent donc avoir absolument les
mêmes. »

Condorcet ne put faire prévaloir rien
contre le préjugé des hommes, les seuls
mâles de la création assez gonflés d'orgueil
pour se croire supérieurs à leurs femelles.

Dans aucun règne de la nature, le mâle
n'a plus de valeur que sa compagne. S'il
possède de plus belles couleurs ou de plus
beaux ornements qu'elle, c'est pour lui
plaire, pour l'aider : tels les bois du cerf
faits pour protéger la biche et son faon
lors de la gestation et de l'allaitement.
Repousser la Femme au second plan ne
fut jamais dans l'ordre de la création. Ce
faisant, l'homme déchaîna un désordre
immense dans la marche du progrès.

Si, revêtu de plus d'humilité au lieu d'éclater d'orgueil, il eût moins méprisé les frères soi-disant « inférieurs », il leur eût, pour son plus grand profit, découvert quelques supériorités.

J'ai observé cet été les mœurs d'un nid de merles. L'habitat des gentils volatiles était suspendu aux treillis de ma maison. Les lattes de bois disparaissaient entièrement sous un rideau de velours vert en feuilles d'aristoloche. Rien de plus joli que la petite corbeille ronde aérienne. Cachée avec amour et mystère sous l'épais feuillage discret, les plus grosses gouttes de pluie n'y pouvaient pénétrer. Le soleil filtrait son or à travers la plante protectrice, répandant une ombre verte et fraîche sur le nid, enveloppant de paix et de beauté les rites que la nature y accomplissait. Un paulownia (¹) voisin, complice du couple ailé, prêtait à l'air le parfum de ses fleurs.

---

1. Arbre aux grappes blanches odorantes, ainsi nommé en l'honneur de la princesse A. Paulownia, fille de l'empereur Paul Iᵉʳ de Russie.

Tant que dura la couvée, le mâle, pour charmer sa femelle, chanta éperdument. Pour elle, il égrena, de son gosier magique, des perles de pur cristal. Les oisillons nés, le chant cessa.

L'incomparable artiste vaqua immédiatement à d'autres soins. Sans que son zèle fléchît un seul jour, il apporta la nourriture nécessaire à la mère et aux petits. Jamais il ne satisfit sa propre faim avant que ceux-ci fussent pourvus : divergence entre la loi naturelle et la loi humaine! Ce que je vis, ce que j'observai, ne me permit pas un seul instant de penser que l'un des deux oiseaux fût supérieur à l'autre.

Avec des fonctions différentes, mais équivalentes, le mâle et la femelle concouraient l'un par l'autre à l'harmonie parfaite, indispensable au bonheur des êtres créés.

Les droits politiques de la Femme continuent à être nuls en France. Au lieu de baser le vote électoral sur l'intelligence, le nombre et la richesse, on le fait reposer sur le sexe... Incohérence qui promet une douce hilarité aux siècles futurs !

Le suffrage politique des femmes, revendiqué par le Féminisme « rationnel », se heurte à celles d'entre elles dont l'horizon est borné uniquement par leurs devoirs d'intérieur et de famille ; puis, aux autres, à celles qui s'adonnent uniquement à des occupations frivoles.

Celles-ci, comme celles-là, ne font qu'imiter les hommes, plongés dans les « affaires » ou dans le « sport ».

Mais si, pour le moment, le sens des obligations civiques manque à la majorité des femmes, il n'en est pas de même pour toutes. Il importe de laisser la liberté de le remplir à celles qui sentent un devoir à accomplir envers leur pays.

En France, les seuls êtres auxquels la Loi refuse le droit de vote sont : le fou, l'enfant, le tenancier de maisons de débauche, le vagabond, le criminel et... la Femme ! Voilà donc cette dernière (quelque supérieure qu'elle soit d'ailleurs) assimilée, de par la hurlante absurdité et la pesante imposture de l'homme, aux tarés du crétinisme, de la folie, de la criminalité !

Nous rendons-nous compte que, de nos propres mains, nous jetons dans la hotte d'ignominie — d'où jamais elles ne sortent — nos mères, nos femmes, nos sœurs? Parvenu à sa majorité, le mineur vote ; à l'expiration de sa peine, le vagabond vote; guéri de sa folie, l'ex-aliéné vote; seule, la Femme. ne votant pas, reste, de par la Loi, à jamais flétrie, sans droits. Le suffrage, dit pourtant *universel*, ne la concerne pas. Se taire est tout ce que la Loi lui accorde. Mais, ô *summum* de notre injuste et égoïste préjugé ! en ce qui concerne ses délits, elle est soumise aux lois : elle en est responsable ! et... elle paie les impôts ! C'est trop monstrueux pour être croyable ! Pourtant cela est !

Terrassés par ce fait, aussi brutal qu'indéniable, les anti-féministes se redressent avec le piteux argument que voici :

« Si la femme est exclue du suffrage parlementaire, c'est parce qu'elle est exonérée

du plus terrible des impôts... l'impôt du
sang. »

— Pardon! — Si elle n'est pas soldat,
qui donc les fait, les soldats? Qui donc les
enfante dans la douleur? Et ne le paie-t-elle
pas comme l'homme, l'impôt du sang?
Chaque année, dans le monde, trois cent
mille d'entre elles meurent victimes de la
maternité!

Ignore-t-on aussi que les femmes qui
font partie de la Croix-Rouge contractent
un *engagement militaire* (qui passe entre les
mains du Ministre de la guerre), lequel les
oblige à se rendre, au premier appel, aux
ambulances ou aux hôpitaux auxiliaires?

Puis, ceux qui ne sont pas soldats : les
réformés, les soutiens de famille, les insti-
tuteurs, les prêtres ne jouissent-ils pas
des droits politiques?

Tant que les femmes n'auront pas acquis
le droit de vote, les victoires du Féminisme
seront minces : c'est en participant à la
confection des lois que l'homme a conquis
son émancipation.

6

L'exclusion de la Femme de l'électorat cessera lorsque l'éducation contemporaine à laquelle aspire le Féminisme « rationnel » lui aura formé son Moi, que sa mentalité prendra une plus grande vigueur à mesure qu'elle sera plus libre. L'affranchissement de son esprit la rendra consciente d'injustices légales à son égard, qu'elle soupçonne sans les comprendre, dont elle souffre insciemment, et qui, par la suite, seront abolies. Quant à l'éligibilité, le Féminisme estime que cette faculté est essentiellement du domaine masculin, qu'elle doit y rester. Il en donne cette très simple raison que « le temps nécessaire à consacrer aux sessions la Femme le doit à son foyer » : le droit de suffrage lui confère une influence suffisante pour maintenir l'équilibre des sexes dans l'État.

La Proscrite des siècles est une grande optimiste ; or, « il n'y a que les optimistes qui fassent quelque chose » (¹).

_____

1 GUIZOT

Cet optimisme ne synthétise-t-il pas toute l'action de la Foi, de l'Espérance, de la Charité?

L'Histoire témoigne que dès la plus haute antiquité le cerveau féminin a fait honneur à la science du politicien. Mais faire de la politique au grand jour, éviter la sournoiserie à laquelle ce cerveau a été courbé, serait d'un grand avantage pour tous.

Passons aux pays étrangers où, depuis cinquante ans, le Féminisme « rationnel » s'est développé d'une façon qu'on ignore totalement ici.

Pourquoi?

Parce qu'en France on ne sent pas, comme en Angleterre, comme en Amérique, que l'heure est à la Femme. On n'y comprend pas encore qu'en elle sont incarnés les ineffables espoirs du xxᵉ siècle. Une étonnante efflorescence d'énergie féminine, accompagnée de patiente ténacité, a déjà donné des améliorations sociales (impossibles à réaliser alors que la Femme

était moins libre) auxquelles, parce qu'il
y fallait une persévérance et un sens pratique d'eux inconnus, les hommes n'au-
raient pu parvenir.

A partir de l'heure où elle lutte pour
vivre, le rôle social de la Femme change,
il doit changer.

Si chaque jour il devient plus important, c'est que les efforts très hauts, très
nobles des Féministes rationnelles se tra-
duisent constamment par la création
d'œuvres neuves de solidarité utilitaire.
En agissant ainsi, la compagne de l'homme
fait fonction de citoyenne active, bien que
méconnue. Par ses actes, elle s'imposera
chaque jour davantage.

Il n'y a encore que quelques années, le
Féminisme était en Angleterre un sujet
importun et désagréable. La « femme nouvelle » agitait et troublait le pays; ses idées
générales, fertiles en discussions, étaient
confuses au début. Aujourd'hui qu'elle a
trouvé son chemin, qu'elle y marche
sans bruit, en toute tranquille assurance,

on ne pense plus à elle. Devenue une force
non discutée, elle est acceptée partout où,
il y a vingt-cinq ans, on la repoussait.
Les Féministes d'outre-mer améliorent et
cultivent leurs talents personnels pour
coopérer (et voilà où leur Féminisme est
vraiment rationnel) avec les travailleurs
masculins. Leurs plus puissants moyens
d'action sont les Congrès internationaux
quinquennaux, appuyés du nom d'une
grande dame, et étayés de sa haute compé-
tence et de son autorité (¹). On n'accomplit
rien sans idée, ce qui prouve que toute
idée a sa force en elle-même. Le but des
Congrès est de *proposer* des idées. Les
femmes qui en font partie sont pleines
de zèle efficace pour la cause. En Amérique, elles ont donné un élan neuf et
vigoureux aux enseignements des arts
manuels et domestiques. A elles sont dus
l'intérêt des patronages et orphelinats, la
réforme des prisons, l'amélioration du sort

1. La comtesse d'Aberdeen.

des émigrants, la surveillance du travail
dans les usines, manufactures, ateliers,
écoles professionnelles; enfin, la fondation
d'une école d'infirmières.

Je voudrais faire connaître en France
cette dernière institution, si remarquable,
et destinée, je l'espère, à s'introduire un
jour chez nous.

Les détails suivants sont dus à l'extrême
obligeance de Miss M.-A. Nutting, surintendante des infirmières, directrice de la
« Training School » de Baltimore, de qui
je les tiens directement. La « John's Hopkins Hospital School for Nurses » fut
fondée par Johns Hopkins, marchand de
Baltimore, qui, ayant acquis une grande
fortune dans son commerce, laissa plus de
trois millions pour l'Université et l'Hôpital
qui portent son nom. En 1889, l'Université
ouvrit ses portes à l'enseignement des
femmes désirant consacrer leur carrière à
l'art de soigner les malades.

Cet enseignement comprend une période
de trois ans se terminant par des examens

oraux et écrits lesquels, victorieusement
passés, confèrent un diplôme si haut prisé
que médecins, chirurgiens, particuliers,
établissements de tous genres, s'arrachent
ces infirmières de tout premier ordre.
Tous les ans, des centaines de demandes
d'admission pour cet enseignement triennal
sont adressées à Miss M.-A. Nutting; mais
le nombre des postulantes est limité ; il se
réduit à cent vingt admissions.

Une infirmière de la « John's Hopkins
Hospital School for Nurses » munie de son
diplôme gagne 25 dollars par semaine à
soigner les malades à domicile; la position
qu'elle occupe dans de nombreux établissements, soit comme infirmière en chef,
soit comme auxiliaire dans les différentes
fonctions de son état, est rémunérée par
une somme qui varie entre 40 et 60 dollars par mois. La surintendante d'hôpital
et d'université a un salaire qui oscille entre
900 et 1,500 dollars par an.

Partout elles sont défrayées du loyer, de
la nourriture, du blanchissage. Considérées

par chacun comme des professionnelles, elles sont traitées avec l'estime et les égards qui leur sont dus. Il est à remarquer qu'aucuns conflits ne s'élèvent entre les infirmières et le médecin ou le chirurgien. Presque toutes sont célibataires.

L'enquête sur la moralité de ces femmes était intéressante. C'est une question qui n'a même pas été soulevée, et, croit Miss M.-A. Nutting, qui ne le sera jamais, du moins en Amérique. Lorsque les infirmières quittent l'Université, ici, comme dans d'autres professions, il y a quelques rares exceptions de mœurs relâchées, qu'on ne peut considérer que comme des cas isolés n'attaquant en rien la corporation.

Ce mouvement progressif, en Angleterre et en Amérique, est d'un intérêt tout spécial : jusqu'à présent, dans ces divers établissements, l'homme poursuivait avec ses méthodes viriles — bonnes ou non — la réalisation de son idéal masculin. La Femme est venue avec son idéal à elle, qu'elle a mis en pratique. Or, son assistance,

l'adversaire le reconnaît, est sans prix.
Au Congrès de Chicago, il n'a pas craint
d'affirmer que « la société tout entière a
besoin de son esprit d'ardeur, de sa main
habile, de sa vive intuition, de sa conscience plus délicate, de son infatigable
dévouement. Empêcher ses énergies de se
manifester, ce n'est pas seulement la
dépouiller de son droit, c'est priver le
monde d'une activité bienfaisante et laisser
se perdre des dons divins ».

Son ingérence s'est manifestée par des
effets humanitaires qu'on ne pouvait pré-
voir. Ainsi, en Angleterre, les filles nobles
soignent les malades à l'instar de nos
sœurs de charité; une partie de l'aristo-
cratie des femmes russes renonce à son
luxe. Dans l'immense empire du czar,
l'éducation du peuple est à un niveau très
bas. La population mâle étant répartie
dans les cadres militaires, le développement intellectuel des masses s'est trouvé
entre les mains des femmes de la classe
moyenne. Il y a considérablement gagné.

La guerre turco-russe eut un nombre de docteurs et de chirurgiens insuffisant. L'aide des étudiantes en médecine fut sollicitée : leurs services, leur dévouement, ont été publiquement reconnus. En Russie, les femmes possèdent dans la pédagogie une position éminente; elles sont également pourvues de nombreux emplois dans le service de l'État.

Enfin, en Suède, en Norwège, en Finlande, des femmes se font professeurs d'universités qu'elles fondent en pleine campagne!

Il est évident que le grand mouvement dotera chaque pays d'une forme de liberté féminine différente. Cette liberté devra s'adapter aux besoins spéciaux des nations, aux génies des diverses races. Mais partout où la liberté de la Femme sera étendue, plus — et mieux — elle sera à même de venir en aide au rouage social.

En Angleterre, ses droits politiques sont considérables. Il s'en est fallu de peu que celui du suffrage ne lui ait été reconnu par

la session parlementaire de 1897. Plus libérale pour sa colonie australienne, la mère-
patrie avait, dès 1894, accordé le vote
électoral aux femmes.

Elle ne s'en est jamais repentie, non
plus que de l'électorat conféré aux femmes de la Nouvelle-Zélande. Là, n'en dé-
plaise aux anti-féministes, ce privilège a
fortement consolidé l'organisation de la
famille. L'électrice n'accorde son vote
qu'après enquête faite sur la moralité du
candidat : elle le lui refuse s'il est mauvais
époux ou mauvais père.

Quant à l'affirmation de l'impossibilité
du cumul entre les fonctions maternelles
et les devoirs civiques, elle est grotesque.
Elle est sortie tout armée du cerveau de
l'homme. Celui-ci, en effet, à quelque
classe qu'il appartienne. se trouve à merveille de l'état de choses présent. Il veut à
tout prix éviter un changement qui frus-
trerait son égoïsme.

Déposer tous les trois ou quatre ans un
bulletin dans une urne ne saurait vraiment

détourner la Femme de ses devoirs, de
ses occupations de famille. Plût au Ciel
qu'elle n'en fût jamais autrement dis-
traite !

En attendant qu'un Parlement plus juste
ratifie leur droit naturel, les femmes de
la Grande-Bretagne s'organisent de façon
tout à fait supérieure. Parmi les célibataires (spinsters), plaisamment surnom-
mées « le troisième sexe », la vieille fille
acariâtre, qui a un attachement romanes-
que pour son perroquet, n'existe plus. De
jour en jour, et par leur nombre, et par
leur intelligence, elles deviennent une
force sociale remarquable. Elles ont monté
victorieusement à l'assaut de toutes les
professions libérales de leur pays, puis
ont fondé deux très puissantes associa-
tions : la « Primrose League » (1) (conservatrice), et la « Women's Liberal Federa-
tion » (2) (libérale), où hommes et femmes
collaborent au bien du pays, au soutien

1. Fondée en 1883
2 Fondée en 1893

de la religion, à l'amélioration des classes sociales.

Nous n'avons rien de semblable. Le célibat ne jouit nullement, chez nous, de la considération qui lui est accordée chez nos voisins. Ici, les célibataires, méprisées, ridiculisées, se retranchent dans une vie généralement étriquée, nulle, hargneuse. Cette vie, plus justement cotée, mettrait en valeur des capacités qui, faute d'être utilisées, sont perdues. Les femmes faisant partie des Ligues plus haut citées ont une influence considérable sur la politique du pays.

Fières de l'emploi qu'elles font de leur temps, dédaigneuses de leurs sœurs qui ne se groupent pas autour d'une bannière qu'elles portent haut et ferme, elles ont gagné du terrain : l'armée des vierges est très puissante.

L'amour conjugal et l'amour maternel, ces deux forces vives de l'humanité, sont ici captées à leur source par des occupations sérieuses et multiples.

Tout le développement de l'intelligence,

toute l'ardeur du cœur qui ne se sont déversés ni sur l'époux ni sur l'enfant sont des réserves intactes de volonté et d'énergie. Le pays et la question sociale bénéficient grandement de ce capital de force non entamé.

Il convient d'en signaler le danger.

Les joies conjugales étant souverainement indifférentes à ces femmes, il émane de leur célibat (volontaire bien plus souvent qu'on ne le pense) un contentement qui, vis-à-vis des autres femmes, diminue singulièrement l'importance de l'homme. Ce contentement leur montre, en effet, que la vie peut être belle, bonne et heureuse en dehors de lui. Autrement dit, cette satisfaction enseigne plutôt le mépris de l'amour et du mariage. C'est là un point inquiétant pour le Féminisme. Il peut craindre qu'à un moment donné, les unions qui inclinent le moins vers lui ne se jettent dans une voie d'exception. Or, ici, l'exception confirme la règle, mais ne la remplace jamais. Cette règle est une loi de nature qui régit la création. Il est donc nécessaire que la femme non mariée soit et reste l'exception.

Les « spinsters » s'entendent bien dire de temps à autre que celles qui bercent les enfants gouvernent le monde. Tout d'abord, que de femmes ont agité des berceaux sans rien gouverner! Puis, arrive l'heure où le berceau est vide, où l'enfant est devenu homme. C'est alors que les « spinsters », unissant leurs efforts à l'expérience spéciale de leurs sœurs, mettent au service des affaires du pays tout ce qu'elles ont en elles. L'Etat a ses fils : qu'ils soient dans les prisons, les écoles, les hôpitaux, l'armée ou la marine, n'ont-ils pas encore plus besoin de mère que de père?

La Suède est le vrai pays du Féminisme, bien que ni l'amazone ni la prêtresse n'y soient en honneur. Mais, sauf l'Église et l'armée, les femmes ont un libre accès dans toutes les carrières masculines. Une à une, elles ont jeté bas les barrières qui entravaient leurs droits.

En ont-elles abusé? En aucune façon. Si
l'Histoire témoigne que chaque fois qu'elles
l'ont conquise, les femmes ont fait un abus
irréfléchi et souvent terrible de leur liberté, c'est que jadis cette liberté leur fut
mesurée si parcimonieusement que, la
sentant éphémère, elles voulurent en jouir
à outrance, de façon désordonnée, comme
d'un bien qui allait leur être ravi. Aujourd'hui que, en toute sécurité, elles
possèdent ce bien, elles en jouissent et
s'en servent pour le soulagement de
tous.

Ces réflexions au sujet des droits de la
Femme, de l'importance sociale qui en découle, ne sauraient se terminer sans quelques mots sur l'assujettissement de honte
que le Féminisme « rationnel » a pour
mission de détruire : j'ai nommé la
prostitution, issue de l'antique matriarcat (¹),

Le nombre des prostituées est difficile à

---

1 Voir l'étude de morale comparée *la Famille dans la
société romaine,* par Paul LACOMBE.

évaluer, même approximativement. La police peut faire le dénombrement des infortunées dont c'est le gagne-pain, non celui des malheureuses qui ne se livrent à cette... « profession » qu'accessoirement. Les chiffres connus sont terribles : pour Paris seulement, ils oscillent entre soixante mille et cent mille!!

Quand le respect de l'individualité humaine primera la question d'hygiène (question purement illusoire d'ailleurs), l'État cessera d'être l'approvisionneur de la débauche publique. En attendant, il y aurait de grandes réformes à faire au point de vue de l'intervention administrative.

Tant que sera légale la recherche des plaisirs de l'amour sans amour, la Femme sera la serve. L'histoire de la sœur pauvre, dégradée, peureuse, vénale, est abominablement triste.

Vendre son corps pour le nourrir est une honte amère, une inénarrable douleur. L'impôt charnel dont l'homme écrase la

Femme est une cruauté qui devrait être la première supprimée du Code. Elle en sera vraisemblablement la dernière, notre égoïsme et notre sensualité mettant tout en œuvre pour déjouer de justes lois.

La moralité n'a pas de sexe : ce qui est immoral pour une femme est immoral pour un homme. En affirmant encore aujourd'hui le contraire, l'orgueil masculin s'amuse à jongler avec le raisonnement. C'est pour la femme française une humiliation de plus, ajoutée à tant d'autres, que de savoir que cette recherche de la paternité — recherche de justice si jamais il en fut ! — est légale dans tous les pays d'Europe... sauf dans le sien. Cette question nous fera regimber et nous cabrer : elle touche à notre vice. Il faudrait écrire un volumineux chapitre pour parler avec une précision brutale sur un tel sujet de misère. Des plumes très compétentes, très autorisées lui ayant consacré des pages éloquentes, je le mentionne sans l'approfondir.

Malgré tout, on peut prédire que la prostitution officielle — qui s'est aggravée avec les siècles — aura vécu le jour où, la Femme ayant acquis son indépendance économique, l'homme ne sera plus dans son existence un facteur pécuniaire. Il y aura là une révolution incalculable dans les mœurs.

Dans l'attente prolongée des droits de l'avenir, des efforts partiels ont réalisé une amélioration ; le Féminisme a conduit la charité militante dans les classes ouvrières vers la Femme sans droit, c'est-à-dire sans protection. Il fera plus encore : pour parvenir à un résultat efficace dans cette question, grosse de difficultés et de douleurs, il armera la Femme en lui mettant en main un outil qui lui permette d'affronter l'âpre lutte plutôt que de choir. Les recrues de la prostitution seront alors moins nombreuses, l'armée des esclaves pour les basses besognes du plaisir de l'homme sera plus clairsemée.

Quant au mariage forcé de la jeune fille

pauvre de la bourgeoisie, lorsque la Femme gagnera son argent au même taux que celui de l'homme, ce vil marché n'existera plus.

Où réside la différence essentielle entre un mariage d'argent et la prostitution? Pourquoi respecte-t-on l'un et méprise-t-on l'autre?

Se vendre à plusieurs ou se vendre à un seul, c'est toujours se vendre; prostitution publique ou prostitution légale, c'est toujours de la prostitution.

Dès maintenant, le trafic de honte et de misère peut être atténué. Cette atténuation sera due à des carrières ouvertes jadis fermées, aussi à des établissements d'aide et de secours de toutes sortes, comme ceux de l'association de l'Aiguille, le nouvel hôtel meublé de la Société Philanthropique (¹), etc., etc. Les droits revendiqués par le Féminisme « rationnel » ne sont donc que de la bonne et saine sociologie. Tout

---

1 De récente fondation. 37, rue des Grandes-Carrières, ou, moyennant o fr. 60 par jour, la femme peut se croire logée dans l'aisance.

ce qui concourt au bien de l'individu est d'un apport précieux à la masse. Le xviiie siècle a vu naître les Droits de l'Homme, le xxe siècle verra surgir ceux de la Femme.

CHAPITRE IV

Quelques-unes des Vues du Féminisme
rationnel
sur l'Instruction, l'Éducation et la Famille.

Après avoir revendiqué les droits de la Femme, parlons de ses devoirs.

Dans un moment de claire vision de ces choses, Carlyle dit un jour à sa femme, alors à l'apogée de sa vie, que si *elle y avait été dressée*, elle aurait pu faire beaucoup de bien à l'Humanité. Elle eût pu délivrer son sexe des enfantillages et des

imbécillités qui le ravalent; le libérer des
chaînes frivoles et vaniteuses qui l'empê-
chent de s'élever jusqu'à la pleine liberté,
où seulement peuvent s'épanouir ses qualités intrinsèques, etc., etc.

Mme Carlyle eût-elle eu du génie que la
tâche à elle assignée par son mari était
au-dessus des forces humaines. Mais ce
qui est impossible pour l'unité devient
réalisable pour la pluralité. Que de fois,
dans leur lutte grandiose, les femmes
devront se souvenir que la force réside
seulement dans l'union!

Pour parler comme l'historien, le *dres-*
sage de la Femme aux devoirs nouveaux de
sa vie nouvelle ne peut s'effectuer que par
une instruction qui, dans les temps modernes, lui a fait complètement défaut. Nourrir
son esprit de pensées assez fortes pour
qu'elles deviennent fécondes n'a point été
tenté de nos jours. On n'a pas compris
(c'est à peine si on commence à en saisir
toute la portée) qu'une culture intellectuelle rehausserait grandement son char-

me. A la condition, toutefois, que cette culture fût pondérée par l'éducation, qui forme le jugement. Le jugement, c'est-à-dire le bon sens, la logique, qualités maîtresses, traitées en ennemies, auxquelles de plus en plus on substitue, au détriment du raisonnement sain, une sophistique entraînante et brillante.

Il est lamentable de voir les femmes se diviser en deux catégories : la charmeuse, effroyablement nulle en dehors de ses grâces; l'intellectuelle, qui se masculinise et dédaigne son sexe.

En unissant son charme à son intelligence, en entourant de celles de son esprit les séductions de son corps, l'Ève nouvelle saura répandre ses doubles trésors partout où elle sera : à son foyer d'abord, où elle demeurera; et ce foyer, elle le rendra autrement large et lumineux que celui de la femme dite « moderne ».

Tout le monde est au courant des importants changements survenus depuis cinquante ans dans la position économi-

que et sociale des femmes. Ces changements proviennent de sources multiples,
mais leur avènement a été une vaste et
paisible révolution. Si les idées précon-
çues sont indispensables, puisqu'on ne
peut rien fonder sans elles, il faut savoir
les abandonner quand leur raison d'être
n'est plus. Les idées de nos ancêtres sur
l'éducation, la vie industrielle et familiale
des femmes n'ont presque plus rien de
commun avec les nôtres. Si quelques
esprits supérieurs des temps reculés,
comme Platon et Sir Thomas Moore,
aspirèrent pour la Femme à une amélioration, leur vision fut traitée d'utopie.

Aujourd'hui que les bases de l'économie
sociale sont bouleversées, que ces bases
changent la vie morale et politique des
peuples, la soi-disant utopie des rêveurs
semble se réaliser.

Le christianisme, dont le triomphe fut
assuré par le concours de la Femme, a été
ingrat envers elle.

L'attitude hostile prise par lui, dès le

début, contre l'amour de la Femme, donc, contre la famille (le premier étant la raison d'être de la seconde), est prouvée de manière indiscutable par les évangiles et les épîtres, soit que l'on considère ces écrits comme inspirés, soit qu'on les admette comme simples récits du temps.

Lorsque, maternellement, Marie s'inquiétait de Jésus, celui-ci la repoussait avec ces paroles brutales, indignes d'un fils : « Femme, qu'ai-je de commun avec toi? » Lorsqu'en famille sa mère et ses sœurs eussent aimé converser avec lui, il répondait : « Qui est ma mère et qui sont mes frères? » etc. (Mathieu, XII. 46-50; Marc, III, 31-35; Luc, VIII, 19-21).

Plus encore : non seulement le Christ, par ses paroles et son exemple, fit preuve du détachement le plus complet vis-à-vis des siens, mais, dans un moment d'égarement sur sa propre mission, il enseigna à ses disciples, comme indispensable à la vertu chrétienne, la haine contre la famille: « Quiconque vient à moi et ne hait point

son père, sa mère, sa femme, ses frères,
et même sa propre vie, ne peut pas être
mon disciple. » (Luc, xiv, 26.)

Saint Paul n'est pas tendre :

« Il ne faut pas permettre à la Femme
d'acquérir de l'éducation ou de s'instruire; qu'elle obéisse, qu'elle serve et se
taise. »

Idées mi-judaïques, mi-orientales de
l'époque qui, en grande partie, sont restées les nôtres...

Au vi° siècle, nous assistons au Concile
de Mâcon discutant fort gravement sur
cette question : « La Femme est-elle un
être humain? A-t-elle une âme? » Question péniblement résolue... à une très
faible majorité!

Nous sommes encore loin de l'époque
où un traité catholique italien du xvii° siècle, voulant prouver que la Femme n'est
pas une créature humaine, citait à l'appui
de sa thèse cette parole du Christ à la
Chananéenne :

« Il n'est pas juste de prendre le

pain des enfants pour le donner aux chiens. »

Le grand poète Milton, en faisant de la Femme un être d'une aussi désolante infériorité, ne comprit jamais, lui non plus, le dessein du Créateur. Aujourd'hui, nous gratifions du même sourire le traité catholique et l'anti-féminisme miltonien.

Posséder un bonheur qu'on désire est chose nulle, si on ne peut réaliser ce bonheur, si on ignore l'usage qu'il faut en faire. Dans ce cas, la possession du dit bonheur tourne à la confusion de celui qui le possède.

En France, à l'heure actuelle, ce n'est pas l'or qui manque au peuple : il n'en a jamais eu autant. Pourquoi donc la misère s'accroît-elle chaque jour? Parce que le peuple ignore la manière de se servir de cet or qu'il gagne, avec lequel il se tue.

Solennel enseignement quand il s'agit des droits de la Femme ! Tout en les conquérant, qu'elle apprenne surtout, au lieu d'en abuser, de s'en griser, à remplir les

devoirs qu'ils lui créeront. Mériter sa
liberté! voilà ce qu'a su faire l'Anglo-
Saxonne; aussi détient-elle l'hégémonie
féminine en Europe et en Amérique.
C'est ce que n'a point su faire la Latine :
question de certaines qualités de race qui
lui manquent; question surtout d'instruction et d'éducation.

Le retard du Féminisme chez nous a
son explication dans cette phrase néfaste,
léguée avec une ardente conviction d'une
génération à l'autre : « Il est indispensable
qu'un garçon soit instruit; mais pour une
fille, c'est sans importance. » Lamentable
erreur, fatale méprise, que condamne de
façon absolue le Féminisme rationnel.

Il déclare très haut que pour la fille la
question d'instruction et d'éducation a des
conséquences autrement graves et autrement importantes que pour le garçon. La
raison en est toute simple (on l'oublie totalement) : c'est que celui-ci est formé par
celle-là; que cette empreinte indélébile fait
l'homme. et que l'homme fait la nation.

C'est pourquoi la marche du progrès nous enseigne que la force d'un pays sera subordonnée à la culture intellectuelle de ses femmes : en effet, plus il y a de science, plus il y a de vertu; plus il y a de vertu, plus il y a de force.

On ne saurait trop profondément méditer cet aphorisme : « De la culture de la Femme dépend la culture de la nation. »

Le préjugé déplorable qui, chez les jeunes filles, supprime ou comprime cette culture en les empêchant de devenir supérieures développe chez elles de façon anormale le sentiment au préjudice de la faculté de raisonner. Les mouvements désordonnés du cœur ont alors une certaine analogie avec ceux d'un cerf-volant qu'on laisserait s'élever très haut en omettant de lui adjoindre une queue. On sait que faute de ce pondérateur, ou même s'il est insuffisant, le jouet aérien pique des têtes folles et finit par tomber.

La raison pondère le cœur. Ne pas développer cette pondération, c'est la suppri-

mer. Or, cette suppression ouvre tout
grand le chemin aux aventures dangereuses..

Le raisonnement ne s'acquiert que par
le savoir. Le savoir élargissant les pensées,
la science, cette chose très distincte de ce
que la Femme possède de meilleur en elle
— sa noblesse native et ses affections — ne
tiendra dans son âme que la place qui lui
sera assignée.

Une instruction supérieure (toujours
accompagnée d'éducation!) rehaussera, en
leur donnant plus d'élévation, ses dons et
ses qualités naturels.

L'union de la virilité et de la grâce dans
l'esprit y fera naître le « raisonnement »,
autrement dit la « pondération ». Les plus
légitimes espoirs du Féminisme rationnel
sont fondés sur l'établissement de ce trio
dans l'âme féminine : l'acrobate ne triomphe sur la corde raide que grâce à son
balancier.

Il faut donc beaucoup instruire la
Femme : il faut surtout l'éduquer davan-

tage. L'éducation qui se greffe sur un cerveau cultivé accroît le jugement de ce cerveau. L'âme n'est jamais forte que lorsqu'elle est éclairée. Avec son intuition, et selon les circonstances de sa vie, la Femme distinguera vite les carrières dans lesquelles elle pourra se spécialiser et celles qu'elle ne devra point aborder. A cet égard, la Suède offre un exemple frappant. Quand sa logique sera développée, elle démêlera les sophismes d'avec la science vraie, qui engendre la patience. Si noblesse oblige, supériorité intellectuelle n'oblige pas moins. Elle s'en souviendra chaque fois qu'elle s'occupera de régénération sociale.

Il est donc indispensable que la Femme soit et plus instruite et plus éduquée. Mais, surtout, elle a besoin de l'être *autrement*. La loi mosaïque, celle de Napoléon, lui prescrivent de subordonner son évolution à l'idéal masculin : hors plaire à l'homme, point de salut. Être le jouet de son amour, voilà le but. But qui, il est vrai, s'accommode avec sa fonction de conservatrice de

8

la race. Mais cette fonction (qu'elle par-
tage, soit dit en tout respect, avec la
lapine — type fécond sinon élevé — n'étant
plus, comme au commencement du monde
la *seule* qui lui incombe, la Femme, lorsqu'elle devient la conservatrice du patrimoine intellectuel de l'Humanité, acquiert
une grandeur presque sacerdotale. Or, on
lui enseigne que pour conquérir le mâle,
deux choses suffisent :

1° Des attraits physiques ;

2° Des ruses.

Criminelle affirmation des apôtres, misérable crédulité des néophytes ! Et la
femelle de lisser ses plumes et d'aiguiser
ses regards sournois.

Orner son esprit ? Superflu ! La déco-
ration de son corps seule importe. Celui-ci
est l'aimant qui attire l'homme : l'hypo-
crisie aidant, il achèvera sa conquête. La
Femme, quand elle ne les néglige pas
complètement, passe donc sa vie à côtoyer
ses devoirs de famille, ceux d'épouse,
ceux de mère.

Dresser son intelligence et son cœur à l'amélioration de son Moi est une besogne d'elle inconnue. Cette intelligence et ce cœur restent en jachère, s'étiolent, se dessèchent pour s'égarer finalement dans le labyrinthe de deux mortelles mégères : l'Envie et la Calomnie, d'où ils ne peuvent plus sortir. Dans l'ordre moral, tout ce qui n'est pas cultivé dévie, dégénère, dépérit. Du chaos de l'esprit naît le vide qui engendre les petitesses, les mesquineries. Celles-ci, à leur tour, font germer et s'épanouir l'Intolérance, herbe amère qui empoisonne nos existences d'hommes. Le cerveau féminin que nulle belle chose n'occupe, qu'aucun idéal n'attire, est la proie d'un prurit féroce qui le fait, sans trêve, s'occuper des affaires d'autrui. Comme le « lion dévorant », il rôde, en rugissant de plaisir, autour des victimes qu'il va dépecer.

Avec une perverse, une exécrable gymnastique de langue, tout gonflé de l'importance de son triomphe, le cerveau dévié

sème parmi ceux qui évoluent dans sa
zone néfaste la zizanie, la colère et le
malheur. Détestable besogne dont seront
libérées les cervelles féminines cultivées ;
elles auront des préoccupations d'un autre
ordre, qui les rendront inaccessibles à
cette monstrueuse infirmité.

Savoir penser de bonne heure, c'est se
préparer des ressources sûres pour tous
les temps de la vie. Ainsi, la femme instruite aura des ressources non pour oublier
la Douleur, mais pour la combattre en lui
escamotant des heures de larmes et de
détresse. F'le pourra conjurer les peines,
les déceptions, les amertumes de la vie.
Chamfort a dit qu'il faut aimer les femmes...
ou les connaître. Ce paradoxe, spirituel
aujourd'hui, aura cessé de l'être demain,
lorsque la Femme vivra comme elle a le
droit et le devoir de vivre ; plus l'homme
la connaîtra, plus il l'aimera. L'être « aux
cheveux longs et aux idées courtes » de
Schopenhauer conservera sa chevelure en
allongeant ses idées. On peut opposer à

ces deux auteurs La Bruyère et Balzac. Le premier déclare qu' « une belle femme qui a les qualités d'un honnête homme est ce qu'il y a au monde de plus délicieux : on trouve en elle tout le mérite des deux sexes ».

Le second affirme (il s'y connaissait, certes, en nature humaine !) qu' « une femme qui a reçu une instruction masculine possède en réalité les qualités les plus brillantes et les plus fécondes pour fonder son bonheur propre et celui de son mari ».

Le jugement d'esprits aussi supérieurs condamne sans appel l'ignorance féminine de notre époque.

D'ailleurs, pourquoi donc la Femme, en s'initiant ou en s'intéressant aux travaux intellectuels de l'homme, cesserait-elle d'être l'amante ou l'inspiratrice ? Elle sera d'autant plus l'une et l'autre qu'elle cessera d'être l'humble et servile associée. L'homme gagnera immensément à ce nouveau contact.

C'est un point de vue faux que supposer qu'un rôle effacé et obscur soit en harmonie avec une imagination ardente, avec un cœur aux sursauts violents. Non seulement un intérêt intellectuel ne saurait empêcher une passion de s'épanouir pleinement, mais encore il l'aidera considérablement à atteindre son plus haut sommet.

La galanterie moderne — pas plus que celle du Moyen Age — ne fera pour la Femme ce que le développement de son intelligence accomplira. Sa première nécessité psychologique devra être la conscience de son Moi. Depuis des siècles ce besoin a été refoulé. Si en un instant les femmes devenaient conscientes, elles seraient toutes subitement libres ! Et qu'on n'objecte pas que leur langage, leurs allures et tout le cortège de ces grâces féminines que nous chérissons — et que nous avons raison de chérir — sombreraient dans ce nouveau moule ! Malgré la prophétie qui en fut faite, les femmes admises aux études d'Oxford et de Cambridge ne prirent pas les façons des étudiants de ces Universités; elles n'adoptèrent pas leur « langue verte ». Tomber dans cette erreur eût été le fait de filles ignorantes; il ne fut pas celui de filles instruites. C'est donc à tort que l'on décrète que les qualités les plus séduisantes de la Femme seront anéanties par un changement dans les lois. La nature fondant ses lois à elle sur des bases immuables, ne soyons pas coupables de cette grotesque irrévérence qui consiste à supposer que ces mêmes lois puissent être ébranlées par quelques règlements sortis du cerveau humain. Non! la nature est plus stable dans son ordonnance; la Femme restera Femme, Mais celle-ci sera le salut ou la perte de l'homme, selon qu'elle sera grande ou petite.

Un poète a dit : « Quand tout devient mesquin, les femmes seules restent grandes. » Parole de rêveur, que le Féminisme est chargé de réaliser. Elle n'est encore

applicable aujourd'hui qu'à quelques-unes
au milieu de la foule dégénérée.

J'en connais dont la supériorité incon-
testable et incontestée dans les lettres, les
sciences ou les arts sont de bonnes épouses
et de bonnes mères. En dehors de leur
conversation, de leurs idées, de leurs jugements, qui rendent leur commerce des
plus attrayants, leur intérieur est remarquable par le goût, la grâce, et précisément par la féminité qu'elles y déploient.
« La Femme étend son être, » a dit Spi-
noza. Excellentes maîtresses de maison,
leurs réunions sont haut prisées par une
élite d'hommes. Elles savent, malgré leur
« supériorité », communiquer un charme à
ce qu'elles font, à ce qu'elles disent. Elles
pratiquent leurs devoirs de famille d'une
façon autrement sérieuse que la mondaine. Elles se reposent de leurs efforts
intellectuels au milieu de l'affection des
leurs.

Aucun pédantisme, aucune affectation
dans les rapports qu'on a avec elles. En

revanche, beaucoup de réelle modestie, une grande simplicité. Félicitons-nous de ce que l'Intellectuelle masculine, excentrique et paradoxale soit un type qui tend de plus en plus à disparaître.

Après la fréquentation de telles femmes, le verbiage insipide, creux, soporifique des poupées modernes, à l'âme enserrée de préjugés, est tout simplement insupportable à tout esprit masculin épris d'autre chose que de « snobisme » ou de « sport » : un décor sans fond est une désolante platitude.

On voit donc que le bonheur de la famille, de la société, par suite celui de l'État, dépendra de plus en plus de la culture intellectuelle des femmes, des vertus domestiques qui font partie de cette culture, de leur goût à s'attacher à des hommes dignes d'estime et d'amour. L'Avenir condamnera encore Chamfort, qui a cru que les femmes étaient faites « pour commercer avec nos faiblesses, notre folie, mais non avec notre raison ».

La Féministe rationnelle se trouve en désaccord complet avec le célèbre ironiste. Elle voit assez juste pour comprendre qu'elle est incomplète sans l'homme, comme l'homme est incomplet sans elle. Son intuition si fine la convainc que l'homme sent toujours la nécessité de l'avoir pleine de raison à côté de lui. Cette raison, on ne saurait trop le dire et le redire, il faut la cultiver. Les forces vives de la Femme, comprimées depuis des siècles, sont toutes neuves, prêtes pour la tâche superbe de la rénovation de l'organisme social.

Ceux qui s'occupent des affaires publiques se rendent un compte exact de la désolante lenteur des progrès de l'opinion. Cette somnolence dans toutes les classes est le résultat de l'instruction bornée de la Femme. Quand celle-ci sera supérieure, le bigotisme et le scepticisme lui seront également étrangers : elle soignera son âme comme elle soigne son corps. Le mot de Montesquieu est juste au moral comme

au physique : « Son ascendant finit avec
ses agréments. »

Une femme peut donc s'occuper de questions générales tout en dirigeant avec com-
pétence l'éducation de ses enfants et la
bonne tenue de son intérieur. Une objection
se dresse, sérieuse de forme, nulle de fond.

Comment, lorsque son esprit y sera
formé, trouvera-t-elle le temps de mener
de front les pensées hautes et les occupations diverses de la vie pratique? L'ordre
qui s'établira dans cet esprit lorsque l'a-
narchie des idées ne le combattra plus
contribuera déjà puissamment à alléger la
tâche. Puis, quand on sera édifié sur les
multiples besognes que, frénétiquement, la
mondaine moderne accumule dans une
seule journée; quand on aura pu suivre
les folles trajectoires que, seize heures durant, décrit le tourbillonnement de cet être
absurdement creux : une femme à la mode,
on comprendra que la Féministe rationnelle est moins détournée de ses affaires
domestiques par des goûts sérieux que par

ceux qu'engendre une éducation frivole et
oisive. On ne s'étonnera pas qu'elle puisse
trouver sans fièvre les heures nécessaires
à ses tâches, à ses plaisirs, en y ajoutant
même quelques quarts d'heure de recueil-
lement de l'esprit et de repos du corps. Je
vais plus loin : quand la Loi reconnaîtra
des droits civiques à la Femme, celle-ci
trouvera encore le temps de les remplir,
et de les remplir mieux que l'homme.

Le relèvement d'un pays ne peut avoir
lieu que par le relèvement de ses mœurs.
Or, la Femme fait les mœurs pendant
que les hommes font les lois(¹). La réforme de celles-là est entièrement renfer-
mée dans l'instruction et l'éducation de la
Femme. Refuser à celle-ci cette instruction
et cette éducation, c'est renoncer au salut
social, qui ne viendra que par elle. Paradoxe hier, vérité demain, cette affirmation
gagne chaque jour du terrain. Chose digne
de remarque, admirez en quel temps !

---

1 Prince DE LIGNE

L'homme estime la Femme très haut en lui demandant de rester Femme. Mais cette estime grandira encore si à sa féminité elle adjoint la sagesse, qui procède d'une raison cultivée. Eût-elle les qualités viriles d'un conducteur de peuples, l'homme aurait grand tort de l'en trouver amoindrie si avec ces dons elle conserve dans son intégralité son charme et sa grâce.

Dorénavant, le premier soin du législateur, de l'homme d'État, du philosophe, sera d'apporter toute son attention au développement des facultés intellectuelles de la Femme : *de ce développement dépendent les destinées de l'Humanité.*

Avant de changer l'état actuel des choses, il est indispensable que l'on prépare l'Éternelle Mineure au rôle nouveau qu'elle devra jouer sur le théâtre du monde. Aucune modification sociale ne peut s'accomplir sans l'évolution intellectuelle qui y correspond.

Tout ce qui existe ayant sa raison d'être,

il ne faut pas retrancher brutalement de la
vie d'un peuple certaines institutions envi-
sagées par d'aucuns comme un superflu
inutile ou nuisible. Bien que restant le
privilège d'une minorité, ces institutions,
plus souvent qu'on ne le croit, contiennent
en elles les organes de vie de la majorité.

L'expérience nous montre qu'à leur
point de départ, les hommes de véritable
ble progrès respectèrent profondément le
Passé. Et n'est-ce pas elle qui, à travers
une image jolie, a fait émettre par Renan
cette pensée juste : « Tous les siècles d'une
nation sont les feuillets d'un même
livre » ?

Aux États-Unis — où tout se fait si
extraordinairement vite — l'Américain n'a
abaissé que peu à peu les barrières qui,
dans la société, reléguaient les carrières de
la Femme à une place inférieure. Et il ne
l'a fait que lorsque celle-ci eut, autrement
que par son éloquence, prouvé ses capacités.

Dans le Nouveau-Monde, grâce à l'énergie qu'elle déploya jadis aux côtés de

l'homme, lors du défrichement du sol, l'infériorité sociale de la Femme n'existe pas. Comme elle fut alors l'indispensable alliée, elle est aujourd'hui l'égale. Il faut remonter à cette genèse pour comprendre et l'orgueil de l'Américain pour ses femmes et le culte qu'il leur voue.

Donc, tant qu'elle restera la Sacrifiée de l'égoïsme humain, l'homme ne pourra s'élever : instruisez, éduquez la Femme, puisque, ce faisant, vous lui enseignez ses devoirs. Mais accordez-lui en même temps quelques droits; faites qu'elle acquière de hautes idées de noblesse et de justice. Les hommes élevés par de telles femmes seront plus précieux pour la nation que ceux qui sont investis d'honneurs universitaires. Presque tous les grands hommes eurent des mères remarquables.

Le Féminisme rationnel ne revendique aucune suprématie pour la Femme. Il demande, au contraire, pour la rénovation sociale, l'étroite coopération des deux sexes : l'esprit concret de la Femme uni à l'esprit abstrait de l'homme donnera un modèle de vie excellemment ordonnée.

Il est indéniable que la caractéristique de notre époque soit l'essor de l'activité féminine, que le grand mouvement a été fécond en efforts admirables, en aspirations élevées. Nous avons vu que ces efforts sont la résultante d'une incessante préoccupation du bien général.

Ce souci sans trève est le symptôme des progrès à venir : les conquêtes présentes font bien augurer des victoires futures.

A ce propos, j'ai assisté dernièrement dans un dispensaire dirigé par une de nos gloires médicales — homme d'aussi grande science que de grand cœur — aux pansements de plaies tuberculeuses, cancéreuses et autres. Ces pansements étaient faits par des infirmières femmes du monde, françaises et américaines. Cette salle de pansement contenant de répugnantes, de hideuses misères humaines était ensoleillée par la présence de ces femmes. Leur grâce se faisait jour à travers les grossiers sar-

raux de toile bise ajustés à leur taille. Leurs
mains légères, aux doigts fuselés, enlevant
et reposant comme par enchantement les
bandes de linge fin et l'ouate floconneuse,
donnaient l'impression d'un effleurement
d'ailes de papillon. Quant aux regards des
infortunés venus là pour offrir leurs maux
à d'incomparables dévouements, on y lisait
la ferme conviction qu'ils guériraient, leur
absolue confiance en ces mains si presti-
gieusement habiles ! Des lèvres de ces infirmières mondaines à l'héroïque volonté
coulaient, en douceur de miel, des paroles
d'espoir, des phrases gaies, des remarques
encourageantes, que distillait la bonté. Sur
une d'elles — une milliardaire infatigable
de zèle et d'adresse — se concentraient
tout particulièrement les réflexions humanitaires et philosophiques. Certes, les mil-
liards accumulés dans les berceaux de
quelques-unes de ces femmes se chiffrent
par un odieux et terrible total de souffrances humaines. En consacrant aux mal-
heureux — en dehors de leur or — leur

temps et leur peine, elles tâchent, noble
superstition! de conjurer le sort... Elles
cherchent à amoindrir ce qu'elles sentent
être une iniquité sociale; elles veulent
rétablir, en un mot, un peu de justice, de
cette justice qui est l'élimination d'un
coefficient personnel — un effort de détachement — une discipline de soi-même
— acte civilisateur par excellence et em-
bryogénie du droit. Dans cette évolution
incertaine et troublante, l'intuition de la
Femme lui dit que cela seul demeure qui
est objectif. Le Féminisme qui flotte dans
l'air ambiant d'aujourd'hui lui donne un
noble élan : il enseigne à la sœur riche à
travailler aux côtés de la sœur pauvre; il
lui suggère des pensées hautes, conséquence de grandes abnégations. En vérité,
le Féminisme sincère est jumeau de la
saine sociologie.

Quelques droits récemment acquis à la
Femme ont été le point de départ de la
fondation de remarquables et nombreuses
institutions humanitaires créées par elle.

Ces créations prouvent combien ceux qui la prétendent inférieure sont demeurés enfermés dans une erreur aussi caduque que grossière. C'est le cas de leur rappeler, en plaisantant, cette citation amusante faite en faveur du Féminisme par un vieil auteur : « Une ânesse a parlé — celle de Balaam — aucun âne n'a su autre chose que braire. »

L'évolution de l'intelligence de la Femme sera l'affranchissement de l'homme : avec l'ère de la future solidarité, s'entre-tuer et s'exploiter seront des non-sens.

Quand l'homme reconnaîtra que la Femme lui est équivalente, il réparera une monstrueuse injustice ; de plus, il se montrera ce jour-là souverainement intelligent vis-à-vis de ses propres intérêts. A tenir, depuis le commencement des âges, sa compagne emprisonnée dans une infériorité morale et intellectuelle, il perd autrement plus qu'il ne gagne.

Homme par la pensée, femme par le cœur, ornée de ses charmes naturels, l'an-

tique Déchue saura résoudre le problème
ardu des rapports sociaux qui existent
entre les deux sexes. La communauté d'i-
dées, d'efforts, de volonté apportera sinon
l'harmonie complète, du moins un grand
apaisement aux désaccords de la société, de
la famille, du foyer conjugal. La sociologie
a tout à gagner à la libération de la Proscrite d'antan...

Par le contact personnel de son cœur
vibrant (un raisonnement d'homme ne
vaut pas un sentiment de femme), de sa
féminité, de sa grâce, elle fera parmi les
classes malheureuses une besogne autrement belle et pacificatrice que celle de
tous les législateurs passés, présents et
futurs : aux ténèbres sectaires masculines,
elle opposera la clarté de l'idéal de justice
et d'amour.

Retenons bien ceci : « Le Féminisme est
une révolution morale qui ne peut s'accomplir que si l'esprit de la Femme s'affranchit. »

Le relâchement des liens de la famille est toujours un signe alarmant pour le peuple chez lequel il se produit : ce relâchement mène à la décadence.

A la bien analyser, la décadence n'est autre chose qu'un manque d'idées dans l'esprit correspondant à un manque de sentiments dans le cœur.

L'abolition du culte de la famille entraîne l'homme (et par suite la nation) loin de toute dignité, de tout bonheur, de toute prospérité stables.

Si dans le nouvel essor que lui donne une forte instruction l'individu s'affranchit plus que jadis de l'aide que lui apportait la famille, cette instruction, guidée par l'éducation, lui montrera que négliger la famille c'est la désorganiser; que cette désorganisation, aujourd'hui comme autrefois, tourne fatalement contre lui.

L'époque de transition où nous sommes est particulièrement hostile à la Femme. Les cadres anciens étant insuffisants pour des besoins nouveaux où l'ambiance familiale n'est plus, il en résulte pour la Femme, au début de sa vie, des luttes pénibles, âpres, dures, contre lesquelles l'homme lui-même a besoin de bander toute son énergie.

Il faut faire abstraction de sentimentalité quand on recherche les effets dans les causes de la nature humaine.

Aux temps primitifs, où la famille ne fut qu'une simple *association économique*, elle répudiait, sans s'occuper des liens de parenté, tout membre qui n'habitait pas et ne coopérait pas avec elle. Isolée qu'elle était au milieu d'une nature hostile (non encore asservie) se défendre, se nourrir, voilà qui primait tout. Ce *besoin*, devenu avec le temps un *intérêt* économique, nous donne la clé de l'évolution des peuples à travers les âges. Le Féminisme, subordonné à ce besoin, devient chaque jour davantage, lui aussi, un *besoin économique*.

Mais, avec les siècles, la civilisation a fait de la famille un groupe où l'éducation, familiale, renforcée par l'exemple, peut seule, par la transmission de ses vertus héréditaires, assurer le patrimoine moral des familles.

Le programme du Féminisme rationnel comporte donc en premier lieu la restauration du culte de la famille, puissante assise du soubassement social. Pour cette restauration, l'éducation de l'enfant reste la prérogative absolue des parents, non celle de l'État.

C'est l'enfant qui contient en germe les souhaits du présent, unis aux espoirs de l'avenir : il est le nœud vital d'un pays.

Rendre au lien familial sa grandeur pour qu'il retrouve sa puissance, tel est le but d'une saine sociologie. Aujourd'hui, l'État veut donner des lois à la famille. C'est une monstruosité que condamne tout un antique et glorieux Passé durant lequel l'État non seulement ne fit pas la loi à la famille, mais la reçut d'elle. Il oublie, l'État, que la famille peut subsister sans lui, tandis que lui n'existe pas sans elle. Ses devoirs

et ses obligations vis-à-vis de la famille
sont donc d'autant plus grands que ses
droits sur elle sont plus minces. Au temps
où le mot « *pater* » signifiait « roi », la
religion du foyer, unie à celle des ancêtres, donna au monde l'héroïque Athènes.
Et l'Histoire nous montre la puissante influence de la famille sortant les peuples de
la barbarie pour leur donner des périodes
de prospérité durable. Par contre, dès que
Rome se relâcha de ses liens familiaux,
l'agonie de ses vertus commença. C'est au
début de leur éclipse que Cicéron écrivait
à Atticus :

« Il semble qu'il n'y ait plus de soleil
dans le monde. »

Il fut un temps, déjà lointain, où la
famille française était un exemple. Actuellement, le penseur a le droit d'être alarmé
en contemplant sa dignité tombée, son
importance déchue.

Qui rendra au lien familial sa grandeur
d'antan ?

En ces jours noirs, la Femme, âme du

foyer, pourra seule, par son influence, resserrer de ses doigts délicats et habiles le nœud si tristement dénoué. Mais pour que cette influence soit durable, il faut que la loi en assure la puissance à l'épouse, à la mère.

Les causes de la chute de la famille sont multiples. Il ne convient pas de les examiner ici, mais d'en signaler seulement les plus redoutables :

1° L'abus du divorce;

2° La décroissance de la foi. Cette diminution de la foi a effacé l'infrangible unité de croyance qui donnait tant de sérénité aux ancêtres;

3° La soif moderne immodérée des jouissances matérielles, non dans une classe restreinte, mais dans toutes les classes;

4° La vanité puérile des parents qui poussent leurs enfants dans une sphère supérieure à la leur;

5° L'individualisme, vice inhérent à l'Humanité, dont l'épanouissement se fait plus complet aux époques de décadence.

Ces causes. bien d'autres encore, sont les influences délétères. les dissolvants irrésistibles qui minent sourdement, mais sûrement, le respect et l'autorité autour desquels s'épanouissaient jadis les meilleures et les plus pures joies du foyer.

Si les liens familiaux, qui furent des câbles si forts, se transforment chaque jour en des fils plus ténus, la faute initiale en est aux parents qui élèvent mal. très mal leurs enfants. Ils les entourent d'une sollicitude outrée : ils les amollissent d'amour au lieu de leur inculquer de nobles fiertés ; ils développent leur importance de façon anormale. absurde, en créant forcément, insciemment autour d'eux une atmosphère de pernicieux égoïsme et de fatale sécheresse de cœur. Tendresse ridicule. mal comprise, qui enlève au sujet toute persévérance, toute énergie. pour le laisser le pire des désemparés : un veule !

La plus parfaite éducation qu'on puisse donner aux enfants, la plus belle preuve d'amour à leur offrir, c'est l'exemple.

Malheureusement, des parents superficiellement instruits, éduqués à contre-sens, ne peuvent transmettre que ce qu'ils ont reçu...

La pire des folies, socialement parlant, est de s'imaginer qu'on affermit une nation en affaiblissant l'individu.

Le Féminisme attache, je le répète, une importance extrême au « Familisme » — pour me servir de l'expression des fouriéristes — parce que l'organisation familiale, qui a tout à perdre au contact du Féminisme « sectaire », a tout à gagner à celui du Féminisme « rationnel ».

En ces jours sombres, « tout le monde s'attaque dans la famille, » dit M. H. Lavedan (Premier Paris du *Gaulois*, du 22 juin 1904) « et chacun se défend. C'est l'anarchie du foyer, le bouleversement des instincts naturels déchaînés à rebours, » la tâche de la Femme, tâche immense, sera de reconstituer le foyer sans faire bande à part, sans en écarter l'influence de l'homme. Là, comme ailleurs, elle jugera sainement que, pour son bien à elle, pour son bien à lui, pour le bien de tous, il faut l'action commune. La vraie Féministe ne perd jamais de vue que c'est par la *vie de famille qu'on la jugera*. Elle immolera à cette dernière toute carrière devenant une entrave à l'action qu'elle doit y exercer. Et cela, sans cesser de cultiver son intelligence, afin d'aider son mari, de suivre ses fils dans leurs occupations diverses.

Les nouveaux emplois? Elle les laissera aux indépendantes, qui sont légion : comme mère de famille, sagement elle s'en abstiendra.

Les efforts de l'heure présente ne sont donc pas pour arracher la Femme à son plus beau rôle, comme tant d'esprits irréfléchis le croient et l'affirment. Ils sont, au contraire, pour l'y aider, l'y fortifier, et, avec l'appui de la Loi, l'y installer définitivement.

Il ne s'agit pas d'élever une femme comme un homme : ce serait du faux Féminisme, autrement dit, du Féminisme

« sectaire ». Elle n'est pas un homme incomplet : c'est un être *autre*, puisqu'elle
est femme. Les parties essentielles, fondamentales, d'une éducation de femme
doivent viser avant tout à faire de cette
femme la meilleure des femmes. L'instruction, tempérée par l'éducation, y aidera
puissamment.

L'éducation de l'enfance au foyer américain nous donne à méditer, peut-être à
glaner : cette éducation forme un être fortement trempé pour les luttes de la vie,
tandis que la nôtre ne peut prétendre à cet
avantage! Toutefois, je ne la préconiserai
pas outre mesure.

Nous sommes loin d'être mûrs, en
France, pour résoudre la brûlante question de l'enseignement mixte. Autrement
dit, nos mœurs actuelles nous interdisent
d'en faire l'essai ailleurs que dans nos
écoles primaires. Mais il n'y a aucune
raison pour que ce système, très prospère
aux États-Unis, ne s'implante pas chez nous
le jour où la Femme, éduquée, instruite,

élèvera et instruira autrement ses fils et
ses filles.

A ce propos, il est faux de dire que
l'esprit n'a pas de sexe. Il en a tant et si
bien qu'une même instruction s'assimilant
aussi parfaitement chez la fille que chez le
garçon, cette assimilation se fera chez la
première *autrement* que chez le second.
C'est toujours la même chose : il n'y a pas,
il ne peut pas y avoir *parité*, mais bien
équivalence.

Ce livre n'est pas un ouvrage de pédagogie. Je laisse donc aux esprits compé-
tents le soin de discuter le pour et le
contre d'une méthode qui, *a priori*, me
semble saine et naturelle. Je pense qu'il
est fort dangereux de séparer les sexes
à l'âge où commence forcément l'éducation mutuelle (si excellente entre frères et sœurs) pour ne les remettre en
présence que beaucoup plus tard, brusquement, et au moment précis de la vie
où un jeûne excessif d'échange d'idées,
d'opinions, de sentiments, etc., a éveillé

les curiosités dans les deux camps, a sur-
excité les aspirations, a exaspéré les instincts. Les pires erreurs ne sont-elles pas
considérées comme justes et naturelles
quand c'est l'usage qui les consacre? Sur
la terre — où nous chancelons à l'ombre
des préjugés — fonder une chose neuve,
remuer des consciences et, par-dessus
tout, braver *des idées reçues*, autant de
crimes (particulièrement dans notre beau
pays) à imputer au novateur!

Au point de vue matrimonial, neuf fois
sur dix cette séparation étanche a plus
souvent qu'on ne le sait de lamentables
résultats : les divergences de jugement, les
habitudes différentes d'éducation causent
la désunion des ménages. De cette divergence dans l'éducation et l'instruction des
sexes naît un conflit toujours en instance,
souvent exaspéré.

N'ayant en commun ni travaux, ni
peines, ni joies, ni intérêts, le jeune
homme et la jeune fille ignorent tout
l'un de l'autre. Subitement mis en con-

tact, ce sont deux vagues qui se choquent en sens inverse. Elles retombent alors, chacune de son côté, en flots d'écume, qui se séparent au lieu de se pénétrer.

Encore une fois, je ne saurais trancher une question de contexture aussi délicate, sur laquelle ni les voyageurs de quelques semaines ni les résidants de plusieurs mois ne sont d'accord.

Chacun voit toute nouveauté sous son angle propre. Il en résulte trop de perspectives différentes pour ne point barrer la route à une hésitation légitime, à un jugement sain. Seuls les résultats que l'avenir fera apparaître ratifieront ou infirmeront l'innovation. En tout cas, on peut dire que la répugnance du Latin à toute idée d'initiative explique, aussi bien dans l'ordre pratique que dans l'ordre moral, son retard sur les nations sœurs.

En France, nous arrivons tard à toutes choses, mais nous arrivons!

Paris est à peine doté d'un Métropolitain alors que Londres jouit de ce bienfait depuis nombre d'années. Combien d'autres exemples à l'appui!

Le retard du Féminisme, chez nous, n'est-il pas inévitable... et déplorablement naturel?

CHAPITRE V

Influence des Idées féministes

sur le Mariage contemporain.

INDISCUTABLEMENT, cette influence est malheureuse pour le présent. La faute en revient-elle à ces idées mêmes ou aux cerveaux qui se les assimilent de travers? Et convient-il, pour la faute de ceux-ci, de les refuser à une élite à laquelle elles s'adaptent parfaitement?

Je ne le crois pas.

Toute révolution politique, sociale ou

religieuse possède invariablement sa genèse dans le petit nombre. Seule l'exception est chargée de préparer les voies :
seule elle contient et condense les principes de force par lesquels elle triomphera.

Les plus grands crimes de la terre ont
été commis au nom de Dieu. S'ensuit-il
que Dieu soit fautif?

La mauvaise influence que le Féminisme
exerce sur la majorité de nos contemporaines vient de ce qu'en son nom celles-ci
considèrent comme licites les pires indé-
pendances !

Le mariage étant devenu l'antichambre
du divorce, la Femme monte sans émoi à
l'autel : c'est pour elle un banal incident
de sa vie. Comme elle n'a pas été instruite, ni, au vrai sens de ces mots, davantage éduquée, ces deux syllabes sacrées,
« amour », ne signifient pour elle que chif-
fons, bijoux, émancipation. Elle accomplira donc l'acte de la création sans tendresse au cœur, sans passion, sans idéal.

Pleine de curiosité pour l'inconnu malsain, elle consacrera son temps à des lectures qu'elle devrait à tout jamais ignorer. Et sous le fallacieux prétexte de « retenir » et de « garder » son mari, elle l'accompagnera partout, le jour à bicyclette, en automobile (quand sonnera l'heure du ballon?), et le soir dans les mauvais lieux.

Il faut que sa cervelle soit aussi vide que naïve et corrompue à la fois pour qu'elle puisse croire un instant que son influence de camarade bon garçon retiendra ce mari. Celui-ci, au fond, n'estime ni ne respecte ce gros compagnon, qui sait tout, lit tout, voit tout, et cependant est incapable de l'aider dans sa carrière, d'élever ses enfants, de lui faire un intérieur d'affection et de charme. Pourtant, il apprécierait d'autant plus la pureté de son foyer qu'il serait plus las des plaisirs grossiers du dehors.

Quand nous avons affaire à ce qu'on est convenu d'appeler les « classes dirigeantes » (probablement parce qu'elles ne dirigent plus rien du tout), l'influence de la

Femme est néfaste! Dans sa folie de plaisirs (qu'elle appelle une vie remplie!), dans sa rage de « paraître », la femme du monde rançonne sans merci époux et enfants, rafle la fortune. Elle détourne le premier de ses devoirs politiques et sociaux; elle confie l'instruction et l'éducation des seconds à des professeurs variés, absolument comme son mari remet la gérance de ses terres à des fermiers; elle dilapide par ses goûts de luxe sans frein une fortune qui, bien employée, eût empêché la déchéance politique et sociale de sa classe. Affolée de liberté, passionnée de puissance, affamée d'or, la Femme estime ces biens de façon à détourner ses regards de la fleur bleue des légendes. Si par hasard l'une de celles-ci fleurit sur sa route, la raison du jour lui soufflant de passer son chemin, elle s'en écarte à jamais. Aussi, la puissance de l'épouse actuelle à l'âtre familial n'existe pas : la femme moderne ne sait qu'en éparpiller les cendres...

La corruption de l'esprit est infiniment

plus néfaste à un peuple que celle des
sens : elle le conduit à une chute irrémé-
diable ; en développant l'élasticité des
idées malsaines, elle rétrécit inévitable-
ment le sentiment de la conscience.

Si le Féminisme a son apport dans la
catastrophe matrimoniale contemporaine,
il faut se souvenir que nous sommes
en pleine gestation de son avènement.
Gestation accidentée, pénible, parfois répu-
gnante, cependant indispensable aux futurs résultats de la délivrance.

« Toute folie de la Femme est une sottise
de l'homme (1). » Ce dernier a donc sa part
de responsabilité dans la faillite du mariage
moderne. Au lieu de surveiller la culture
de l'intelligence de sa compagne, qu'a-t-il
fait pour elle à notre époque ?

Il l'a conduite loin de tout ce qui était
sa grâce ; il l'a encouragée à tous les
« sports » pouvant anéantir sa féminité ; il
a développé, dans ce qui était la paisible

---

1. MICHELET.

gardienne de son foyer, un besoin inces-
sant, fiévreux, maladif, de mouvement et
d'excitation; il ne lui a refusé ni les tré-
teaux orduriers, ni les spectacles avilis-
sants, ni les livres obscènes. Bref, il a jeté
l'idole à bas de son piédestal. L'ayant
laissée choir à son niveau, l'homme a eu
vite fait de l'entraîner hors du temple pour
lui faire prendre une large part de ses
besoins vulgaires, de ses grossières aspirations.

Sans instruction, mal éduquée, sa curiosité plus forte que son dégoût, elle a
pris la coupe offerte par son compagnon.
Elle y a bu à longs traits; elle y a dégusté
« l'élixir de pourriture ». Ensemble, ils
ont fait étalage de ce qui les relie le plus
à l'animalité. Ils ont élevé un édifice maudit dont l'athéisme est la base, la volupté
le sommet. La Femme est ainsi devenue
la « désolation du juste ». Les faits con-
damnent l'homme en même temps qu'ils
le châtient ; si un peuple a les gouver-
nants qu'il mérite, les hommes ont les

femmes dont ils sont dignes. Refoulons donc nos gémissements. Nous avons fondé un siècle aux besoins impérieux, aux facilités brutales. Ce siècle ne nous doit que des citoyennes envisageant le mariage comme la fusion légale de deux sociétés financières, comme une banale association qu'on dissout lorsqu'elle a cessé de plaire à l'une des parties contractantes.

Le Féminisme « rationnel » désavoue hautement cette facile camarade de l'homme aux allures « d'union libre », Marianne casquée qu'il fait passer par toutes les écuries d'Augias... avant le curage d'Hercule! Elle en gardera longtemps le relent. Comme elle possède une merveilleuse faculté d'assimilation, elle s'est vite imprégnée de matérialité. Elle ne peut désormais que continuer à s'abreuver aux sources grossières, voire impures.

Si une culture intellectuelle ne lui rendait pas un jour les ailes de la poésie du cœur, elle ne serait bientôt plus que la digne femelle de son mâle, sombrant

avec lui dans la nuit épaisse de la bestia-
lité.

Pour différente qu'elle soit de la crise
que subit l'influence des idées féministes
sur le mariage contemporain à l'étranger,
celle que nous traversons ici n'en est pas
moins instructive. Le mariage y est considéré comme une association avantageuse
et agréable pour les deux contractants :
l'homme a ses intérêts qui lui sont propres, la Femme a également les siens. Les
enfants s'élèvent-ils sans inconvénient,
dans cette atmosphère où l'unité, seul
principe d'union et de beauté du lien conjugal, est brisée? Nous avons vu qu'ils
devenaient des êtres trempés pour les difficultés de la vie. Mais pendant les haltes
inhérentes aux luttes, ne leur manquera-
t-il pas tout ce qu'un foyer différent leur
eût donné?

Ce qui tend à diviser les intérêts, les
devoirs, les plaisirs, les croyances, les
affaires des époux, va à l'encontre du but
matrimonial. Chez les femmes très culti-

vées, mais dont l'éducation n'a pas été à
la hauteur de l'instruction, un certain
mépris se perçoit à l'égard du mari bras-
seur de guinées ou de dollars. Il est propre à parer l'idole, à lui faire un cadre
somptueux, à l'entourer de toutes les recherches du luxe. Mais comme il est incapable de commenter Platon (où et quand,
grands dieux! en prendrait-il le temps?),
il est traité intellectuellement de quantité
négligeable. Et cependant son intelligence
spéciale a su édifier une fortune, ce qui
n'est pas non plus à la portée de tous.

Il y a là un manque grave de culture
du cœur : plus une femme sera instruite
avec le développement d'âme correspondant à son instruction, plus elle sera apte
à aimer, à apprécier son compagnon, dont
elle devra priser très haut le labeur, ne
fût-ce qu'à cause de son résultat. Car en se
livrant à ses propres goûts intellectuels,
elle se souviendra que c'est par le travail
de son mari — travail constant, dont elle
ne devra jamais se désintéresser — que

l'existence' lui est faite douce et heureuse.

Nous avons vu, plus haut, les ravages
causés dans les rangs par le Féminisme
« sectaire ». Il serait équitable de constater
le contingent que le Féminisme « rationnel » peut fournir à l'armée de salut afin
de réorganiser les cadres et de compenser
les pertes.

Il impose avant tout à ses adeptes une
haute culture morale, autrement essentielle que n'importe quelle science, tant et
si bien que celle-ci devra toujours céder
le pas à celle-là.

Si la femme moderne s'ennuie, c'est,
disent les psychologues mâles, à cause de
l'indigence de sa nature (et voilà en vérité
une sentence nullement désobligeante pour
leur sexe, sans compter la gloire qu'un tel
jugement fait rejaillir sur eux!). Ainsi l'ennui existerait chez la Femme de par la
pauvreté naturelle de ses sensations. Alors
la Féministe a un quadruple mérite à se

libérer de son ennui, qualifié par l'ennemi de « constitutionnel » et de « traditionnel ».

Nous ne sommes qu'au crépuscule, à peine au début de l'ère féminine nouvelle. Les femmes — sauf un petit nombre — ne savent pas, ne peuvent savoir encore, comment guérir leur mal : dans la majorité des cas, elles ne peuvent même pas le constater. Si les femmes riches de notre époque recherchent — nous l'avons vu — avec une furieuse avidité des occupations absurdes et des distractions malsaines; si, indiciblement lasses de la déplorable inutilité dans laquelle elles passent leur vie, fatiguées de ces visites insipides, écœurées du vide qu'elles se sentent à l'âme après avoir passé leur journée à dire des riens, à entendre beaucoup de sottises et encore plus de calomnies; si, dis-je, elles sont devenues la plaie de la société, la pourriture de notre civilisation actuelle, c'est que les oisives (dont une des aberrations est de se croire les êtres les plus surmenés de la création) souffrent au tréfonds d'elles-

mêmes d'un malaise vague, indéfinissable
(nommons-le, comme plus haut, l'ennui,
pour le mieux préciser), et dont leur
« Moi » est la source unique et inconsciente. L'ayant fait ce « Moi » l'axe d'une
vie creuse, frivole, moralement grotesque
(beaucoup, dirai-je, à cause des lois et des
coutumes, qui leur enlèvent l'intérêt de la
vie), elles ne peuvent démêler ni un pourquoi ni un but dans l'existence. Le mé-
contentement causé par cette peine inconnue est une souffrance qui n'est que trop
réelle. Elles en accusent la monotonie de
la vie, comme si celle-ci n'abondait pas
en incidents, en événements, en catastrophes! Au lieu de les aider à réagir contre
leur excès de nervosité, on a accentué le
mal en exaspérant leur sensitivité naturelle ; on a ébranlé leurs nerfs au lieu de
les fortifier par une saine réaction physique; on a applaudi à leur timidité,
raillé leur courage, et l'éducation négligée
qu'elles ont reçue a étouffé en elles la
faculté de penser exactement. Pour guérir

radicalement ce mal, il faut (en réformant des mœurs qui changeront les lois) apprendre à la Femme qu'elle est la vaillance, le réconfort moral et physique, la consolation de l'homme, qui, lui, représente le labeur, la lutte, la douleur : « La Femme est le Dimanche de l'homme, » disait un paysan poète-philosophe. Pliant son esprit aux exigences nouvelles, l'Ève de demain renoncera aux plaisirs creux ou démoralisants, simplement parce qu'elle en découvrira d'autres si précieux qu'en lui donnant l'oubli d'elle-même ils lui enlèveront son mal !

Elle comprendra alors, la Femme nouvelle, que la recherche de la richesse et de ses jouissances ne peut rien fonder. Elle comprendra que s'étant assuré par son effort une table saine, une demeure simple et confortable, ses sens étant ainsi satisfaits, elle doit consacrer son loisir à chercher son perfectionnement parmi les meilleurs livres, dans les enseignements utiles aux devoirs de l'Humanité, dans la jouissance

du Beau qu'offrent la Nature et l'Art. Ainsi,
par de nobles conquêtes, elle s'élèvera
sagement au-dessus de ses voisins au lieu
de les envier. Pour une vaine apparence,
la femme oisive se condamne à l'ignorance, à la stérilité de l'intelligence et de
l'imagination, à l'infécondité de l'esprit,
au renoncement des jouissances les plus
pures, les plus élevées, les seules qui ap-
portent un peu de bonheur ou beaucoup
de paix. Une femme ignorante, oisive, de
petite éducation, ne fera jamais le travail
d'une femme instruite dont l'esprit judicieux sait coordonner l'emploi de son
temps.

« Ce n'est pas assez de penser avec
justesse, de s'exprimer avec agrément, de
fouler aux pieds les préjugés de tant de
pauvres femmes et même de tant de
sots hommes, de connaître bien le monde
et, par conséquent, de le mépriser; mais se
retirer de la foule pour faire du bien, encourager les arts nécessaires, être supérieure à son rang par ses actions comme

par son esprit, n'est-ce pas là la véritable philosophie (1) ? »

Ces lignes se synthétisent par la vieille devise gauloise, toujours vraie : « Bien penser et bien dire, ce n'est rien sans bien faire. »

A l'instar de Jonas, le Féminisme « rationnel » jette perpétuellement son cri d'alarme qui, pour n'être pas le même que celui du prophète, est tout aussi pressant : « Il faut que la Femme soit instruite et éduquée. » Seule une éducation masculine, doublée d'une éducation de raison, améliorera les conditions du mariage, par suite, celles de l'état social. Lentement, trop lentement, cette idée fait son chemin chez nous, dans la classe de la société la plus récalcitrante à l'influence du Féminisme : j'ai nommé encore une fois la bourgeoisie. Voici trois faits authentiques qui prouvent combien on est encore arriéré sur une question de si capitale importance.

_____

1. *Lettre de Voltaire à la marquise du Deffant (Correspondance générale*, t. LXI, p 333).

Mlle X..., âgée de vingt-cinq ans, de bonne famille bourgeoise, perdit en un jour toute sa fortune. Avec une rare vaillance, elle obtenait, après quelques mois de travail assidu, ses diplômes de dactylo-sténographe. Le lendemain de son examen, une place de secrétaire à 6,000 francs par an, lui fut offerte... Elle la refusa! Pourquoi? Parce qu'il fallait travailler dans une pièce commune avec un caissier et des commis. Or, les préjugés de sa classe n'admettent pas le labeur quotidien d'une jeune fille hors de son toit, en compagnie d'hommes. Mlle X..., sous peine de se « déclasser », dut donc céder aux jugements étroits d'un monde dont elle dépendait. A l'ombre de l'aile maternelle, elle fait de la copie en chambre, copie trop maigrement rétribuée, exploitation honteuse si justement nommée de l'autre côté du détroit le *Sweating system*. Ce monde qui, par d'absurdes préventions, immobilise entre les mains de la femme l'arme qui pourrait la sauver, que fait-il pour elle? Au jour de l'inévitable chute, froidement il la lapide.

Voilà un fait. En voici un autre :

Mlle Z..., appartenant au même monde que Mlle X..., subit inopinément, comme elle, l'effondrement de sa fortune (notre époque abonde en ces subites catastrophes). Bravant les préjugés, elle se mit dans le commerce. Quatre demandes en mariage lui furent successivement adressées. Elle les déclina : les prétendants ne gagnaient pas assez pour deux, et pourtant ils exigeaient qu'elle renonçât à son emploi. Pourquoi? Parce que toute occupation mercantile n'est pas admise pour une fille de la bourgeoisie.

Oh! comme les temps que nous traversons vont mettre à néant ces idées d'une autre époque!

Mlle Z... est restée commerçante, décidée à demeurer célibataire ou à n'épouser qu'un garçon de son monde dont la famille n'aura pas honte pour elle d'une occupation rémunératrice. Et voilà une jeune fille qui a échappé à quatre imbéciles.

J'ai gardé pour terminer (ces faits véri-
diques sont innombrables) une anecdote
parfaitement authentique, qui recèle un
trait comique au fond de son amertume.
Mme Y..., veuve, sans enfants, sans fortune,
mais possédant une belle voix, a l'idée de
s'en servir pour vivre. Son réel talent lui
attire des élèves et des soirées payantes qui
lui permettent, à elle et à ses parents âgés,
une existence des plus honorables. Un
oncle fort riche, très humilié de voir sa
nièce chanter « pour de l'argent », n'a
d'abord jamais trouvé le moyen de s'éviter
cette humiliation... toute personnelle ! Ensuite, quand il donne une soirée, il met
à contribution sa nièce. Mais pour rien au
monde il ne lui offrirait (sans doute par
ténacité à ses principes) la moindre com-
pensation !

Ces idées de la bourgeoisie française
ressemblent à ces loques hors d'usage,
fripées et déteintes, dans lesquelles on fait
entrer de force un corps qui, n'étant plus
à leur taille, les fait craquer à chaque cou-

ture : oripeaux de la pensée, elles seront remplacées par des conceptions neuves, adaptées à des besoins et à des sentiments nouveaux.

Il est étrange que la lutte la plus âpre que le Féminisme « rationnel » ait à soutenir soit suscitée par cette bourgeoisie qui, ô ironie ! est pourtant la fille de ses œuvres ! Oublieuse des efforts d'antan, qui l'ont faite ce qu'elle est aujourd'hui, elle refuse maintenant aux femmes de sa classe le moyen qui naguère lui a conquis sa puissance : le Travail.

Nous avons vu que chez nous non seulement il n'élève pas la Femme, mais que, dans certains milieux, il la déclasse et la fait déchoir. L'État, en interdisant à certaines catégories de ses fonctionnaires le mariage avec une femme exerçant une profession, bien loin d'encourager le travail, lui jette son mépris à la face. Et — ô admirable logique ! — le peuple soi-disant le plus démocrate de l'Europe défend au soldat et au bureaucrate de se compromettre en s'unissant avec une compagne ayant une occupation rémunératrice ! Le mépris du travail manuel est encore une de nos grotesques aberrations particulières et nationales. Il précipite vers les carrières « comme il faut », où elles ne trouvent pas les débouchés suffisants que comportent leur ardeur et leur bonne volonté, les trop nombreuses victimes d'une absurde respectabilité bourgeoise. Si aujourd'hui la Femme s'acharne au travail, c'est que sans lui elle meurt de faim.

Pour saper par la base des préjugés étriqués et séculaires, le Féminisme « rationnel » devra — odieux attentat ! — prendre avec les préjugés du monde de rudes libertés. C'est ainsi, et seulement ainsi, que, du haut en bas de l'échelle sociale, seront comprises et appréciées la beauté et la noblesse du travail.

La Femme, de plus en plus libre, sentira se réveiller ses facultés, engourdies dans un sommeil millénaire. Qu'elle les applique au travail, elles lui permettront de se suffire à elle-même. Le travail lui conférera le don intellectuel et moral, inséparable de l'effort. Elle réfléchira, elle regardera autour d'elle : ce qui au début lui paraissait dur, obligatoire, lui semblera honorable, indispensable, intimement lié à son honneur et à sa liberté. Elle s'imprégnera de cette belle parole de Th. Bentzon : « L'œuvre la plus vile cesse d'être vile quand elle est accomplie d'une manière qui ne l'est pas. » Aucune œuvre n'est misérable si elle est utile.

À son tour, la société comprendra que la femme qui travaille est la première des femmes; que, ce faisant, cette dernière lui donne de sa valeur morale une garantie hors de pair.

En quoi le travail, qui est une loi fondamentale de l'Humanité, serait-il l'attribut d'un sexe à l'exclusion de l'autre?

Pourquoi la Femme ne viendrait-elle pas acquérir à cette source les vertus qui en découlent pour l'homme : dignité, énergie, loyauté? Elle les acquerra aussi

bien que lui, mais *autrement* : elle tamisera
par sa grâce ce que ces vertus, très nobles,
ont parfois, dans nos âmes masculines, de
·dureté et de sécheresse. Si le travail imposé
à l'homme était une malédiction, il faudrait
encore baiser avec amour et respect cette
verge fustigeante. Mais le travail n'est pas
une malédiction : il est une bénédiction
pleine de grandeur; il est d'une essence
haute, intimement lié à la destinée terrestre de l'être, dont il est la sauvegarde
et la gloire. Les fronts qu'il nimbe ont
cette majesté qui pare l'humble casseur
de pierres courbé sur la route, comme le
savant penché sur ses cornues.

Le travail? Mais il est la consolation du
riche et du pauvre, l'apaisement de l'intellectuel et de l'ignorant : aux uns, en leur
assurant le pain d'aujourd'hui, il fait
oublier l'angoisse de celui de demain; aux
autres, il masque des tortures morales
insoupçonnées par les frères pauvres.

L'assistance de la charité par le travail
procure à la Femme des vertus qu'il est

inutile de chercher à acquérir par d'autres moyens. Le travail combat cette plaie moderne née de l'oisiveté : l'égoïsme, qui conduit la Femme droit au mal terrible dont je parlais tout à l'heure. Nous l'avons vue alors se lançant dans le luxe, dans la calomnie, dans toutes les passions humaines : cet égoïsme la déséquilibre au point de supprimer en elle toute initiative, toute indépendance.

Le Féminisme « rationnel » tient à affirmer très haut qu'à n'importe quelle classe elle appartienne, le travail saura développer le cœur et le cerveau de la Jeune Fille et de la Femme.

Le travail, c'est la charité de l'avenir!

Travailler, c'est glorifier l'effort!

Travailler, c'est chanter l'hymne à la vie!

Par le travail nous vivons, nous respirons, nous espérons sainement.

L'individu qui ne comprend pas la toute-puissance du travail perd incontinent, dans une vie oisive, les prérogatives de sa propre force. La grandeur des peuples déchus résidait dans leur incessante application au travail.

En méconnaissant sa loi, les nations renoncent à la plus belle des couronnes, au relèvement de leur humanité. L'antique Égypte, l'Inde mystérieuse se sont éteintes quand le travail a cessé d'y être honoré.

Aujourd'hui la faute du capital est d'oublier que seul le travail crée la valeur. Méditons cet axiome : Le mépris du travail est la marque traditionnelle des sociétés décadentes.

Toujours lorsqu'il s'agira de la liberté de la Femme par son travail, le Féminisme « rationnel » sera irréductible vis-à-vis des idées mondaines. Quand il aura vaincu une foule d'orgueils et de préjugés — aussi faux qu'absurdes — la Femme sera affranchie de bien des détresses.

Revenons à l'influence que le Féminisme est appelé à exercer sur le mariage.

Il faut pour la grandeur du lien conjugal que l'*union* soit une *alliance*. L'homme et la Femme se complètent si parfaitement l'un l'autre, leur coopération est une nécessité si absolue, que leur travail accompli séparément cause d'irréparables dommages à la communauté qu'est l'Humanité.

Malgré des idées divergentes, un rôle dissemblable, des dons différents, il n'y aura dans l'*union* devenue *alliance* ni domination, ni asservissement, ni injuste absorption.

J'insiste sur asservissement : dans le mariage, la maternité doit être librement consentie, non violemment imposée. Un de nos grands auteurs dramatiques([1]) a de main de maître exposé cette thèse, fait éclater cette évidence ([2]) en faisant justice une fois pour toutes des mots bêtes, lâches et cruels du Code. Il faut bien comprendre que l'accord n'exclut en aucune façon l'indépendance. Là est l'équilibre des sexes, non leur égalité, puisque la Femme ne sera jamais *comme* l'homme, étant forcément

---

1. M. BRIEUX.
2. Dans *Maternité*, jouée au Théâtre Antoine

autre que lui. Quand elle sera libérée de
tout ce que les lois font peser sur elle,
qu'affranchie de la suggestion de l'homme,
elle sera hors de sa sujétion, elle s'avancera
vers lui avec une caresse autrement haute,
autrement pure que celle que dans sa servitude elle lui offre. Plus sa tendresse sera
libre, plus elle sera noble et profonde; Ne
pouvant plus être soupçonnée de contrainte ou de vénalité, cette tendresse sera
la barrière infranchissable dressée entre la
servitude intéressée et l'amour. Récolter
par le baiser comme l'homme récolte par
le labeur paraîtra à la Femme une monstruosité.

De l'amour moderne, autrement dit de
l'amour bourbier, est issue une génération
anémiée, névrosée, grotesque, qui étouffe,
enlizée dans la fange.

L'assainissement de la race future sera
la conquête sociale de la Femme de demain. Son amour, purifié, puisé dans une
éducation sérieuse, dans une instruction
virile, fera d'elle un être émancipé, se

donnant librement. L'amour qui se vend
et qui s'achète, conception erronée, à la
fois monstrueuse et mesquine de son âme
esclave d'autrefois, fera place à un autre
amour, très noble, plein d'idéal, qui, pour
elle et pour celui qu'elle aura choisi, sera
d'une douceur infinie. Au lieu d'amoindrir
l'amour, comme d'aucuns le prétendent,
l'affranchissement de la Femme lui donnera, au contraire, un développement
spécial et inconnu. Au lieu de la poupée
actuelle, qui ne dresse que des pantins
mûrs pour la décadence, il nous offrira la
vision de la Femme régénérée sachant élever des enfants pour le relèvement du pays.

Cette poupée les nourrit, ses fantoches,
de veulerie, de sophismes. Elle atrophie
leur cœur et leur cerveau en les faisant
vivre dans une atmosphère d'individualisme monstrueux, d'où découle un scepticisme déprimant, une absence totale de
sens commun. A la vingtième année ils
sont comme du bois mort : ils n'ont poussé
ni feuilles ni fruits.

Les fils de la Femme nouvelle n'auront pas la fortune de ces tristes pantins, riches d'or et de misères. Ils auront moins de nerfs, plus de santé, davantage de cerveau, de jugement, autrement dit de bon sens. Et cela leur permettra d'épouser des filles de valeur au lieu de mener une existence pourrie en s'enlizant dans la vase de la bêtise et de la dépravation.

L'initiative a été de tout temps le domaine de la Femme. Elle peut être homme par le courage, par l'énergie au travail, sans rien perdre de son charme féminin. Mais si des qualités viriles, naturelles ou acquises, lui enlevaient une parcelle de cette grâce qui la sacre reine à son foyer, mieux vaudrait renoncer à ce qui peut compromettre sa glorieuse couronne.

Demander à la Femme une virilité d'intelligence unie à toute la tendresse d'un cœur féminin, n'est-ce pas exiger l'impossible? Et l'homme, pourrait-il allier aux dons mâles qui lui sont propres les vertus très douces de sa compagne? Il est inapte

à une telle plasticité. Seule la Femme peut
y parvenir : c'est une de ses supériorités
sur lui.

Avec les longues années, l'homme la
considérant non plus comme l'ennemie
mais comme l'alliée, l'accord de bien des
choses aujourd'hui désaccordées donnera
une harmonie nouvelle à son existence
masculine. Si les vertus intelligentes de la
Femme enguirlandent ses efforts, les sou-
tiennent, les parfument, les bénissent, semblable à un arbre qui s'élance vers le ciel,
l'homme montera toujours plus haut.
Lointaine... très lointaine vision ! à cause
du rôle de la Femme, qui, sur le théâtre
de la vie, a été faussé.

Les formules anciennes, comme les théories nouvelles sont erronées parce qu'incomplètes de par la division même des
facultés de chacun des sexes. C'est un
aveuglement volontaire qui fait diverger
ces facultés au lieu de les faire converger.
Elles ne sont plus que partielles, donc
incomplètes, donc de moindre valeur. En

un mot, tant que, au mépris de toute justice, l'espèce humaine sera partagée en
deux, son progrès sera retardé. On ne
saurait trop le répéter à notre orgueil
masculin : tout ce qui empêche l'avance-
ment d'un des sexes entrave celui de
l'autre.

Le Féminisme « rationnel » est le sain
mouvement qui lutte contre cette fatale
tendance. Alors que l'homme acquérait des
appétits conformes aux imperfections de
son organisme, la Femme était impuis-
sante à conquérir une liberté d'action qui
lui permît de choisir la voie qu'elle sen-
tait bonne, indispensable à l'évolution de
son être. Avant que l'on n'arrive au parfait
équilibre des sexes, il se pourrait (je
n'affirme rien) que l'homme traversât
une période humiliante (celle où les
hautes facultés intellectuelles régneraient
toutes-puissantes à la place de la « pro-
pension animale ») durant laquelle sa suprématie actuelle deviendrait nulle en
raison directe des conditions inférieures

présentes qui lui concèdent cette suprématie.

Une autre influence, néfaste dit-on,
exercée par le Féminisme sur le mariage
contemporain, c'est la révolte qu'il excite
contre l'obéissance jurée à la mairie et à
l'église. En attendant que cette formule
(bête, lâche et cruelle, nous l'avons vu)
soit supprimée (elle le sera le jour où la
Femme sera l'équivalente de l'homme), le
Féminisme « rationnel » estime que tous
doivent obéir à quelqu'un ou à quelque
chose. Lorsque l'homme et la Femme seront harmonisés pour la vie, « l'obéissance »
s'appellera de la « joie ». Quand la Femme
cessera d'être médiocre, elle ne cherchera
plus à commander, elle aura mieux à faire.
Son amour, purifié, et son dévouement
à l'homme librement choisi, librement
aimé, lui feront dire avec la grande libé-
ratrice : « Toutes tes volontés, je les ai
aveuglément accomplies (1). »

_____

1 HÉLOÏSE.

12

Loin de favoriser l'union libre ou le libertinage, le Féminisme « rationnel » reconnaît donc implicitement l'antique institution du mariage (pour beaucoup d'esprits aussi défectueuse que surannée) comme la base indispensable de la famille et de la société. Le socialisme prêche un contrat privé qui serait absolument insuffisant à notre époque. Quant au contrat uniquement légal, si un tiers intervient pour unir les parties contractantes : prêtre, loi ou religion, le Féminisme « rationnel » estime que chacun doit pouvoir agir librement, suivant sa conviction et ses idées.

L'homme, animal inférieur en tant qu'inconstant, ignore que tous les aigles sont monogames, que les aigles dorés vivent par couples et restent attachés l'un à l'autre pour cent ans et plus sans jamais changer de domicile (J.-G. Wood, *Natural History*. p. 262). Quel exemple du roi des airs au roi de la terre ! On compare volontiers l'intelligence de celui-ci au vol de celui-là : il faut faire abstraction des mœurs.

Deux mots de la femme d'âge mûr. Repoussée par l'homme lorsqu'elle a cessé de plaire; oubliée par la loi, reléguée par elle loin de certaines carrières où elle trouverait une vie pleine de dignité, elle devient une nullité quand sonne l'heure de sa déchéance physique.

Avec des droits nouveaux, élevée différemment, elle serait, en son automne et en son hiver, si supérieurement trempée par les vicissitudes de l'existence que, loin d'être une non-valeur, elle rendrait alors de véritables services sociaux.

Ses attraits flétris, son cerveau n'en demeure pas moins apte à l'étendue comme à la profondeur. Connaissant les désillusions, les amertumes, les douleurs, les dangers de la vie, son cœur, naturellement noble, s'éprendra de cette beauté morale : se sentir un être libre. L'étendard du Féminisme flotte plus encore pour les indépendantes que pour les femmes mariées. Chose digne de remarque, quand on parle contre le nouveau régime, il ne s'agit que des dernières, jamais des premières! Refuser à la Femme, à ce moment précis de la vie, de se créer une existence conforme à ses besoins, c'est élargir la plaie de l'isolement, c'est ânonner dans la science sociale. Pourquoi, de quelque côté qu'il se tourne, entraver son élan? Les temps ne sont plus où la femme âgée, entourée de respect comme d'une auréole, était consultée par tous. Devant elle, la jeunesse, déférente, s'inclinait, quêtant un sourire. Les paroles, parées des grâces indulgentes de la vie, voilaient la flétrissure des lèvres. Elles étaient écoutées avec déférence, le front sur lequel il neigeait s'abritant à l'ombre de pensées vécues... Le soleil couchant, qui ne brûle plus, savait encore illuminer et réchauffer ceux qui appréciaient la tiédeur des derniers rayons. Aujourd'hui, moralement, l'aïeule a disparu, emportée par la tourmente qui a dispersé à tous les vents les cendres du foyer. Cette marionnette affolée, cette marionnette de malheur qu'est la femme

« moderne » est la seule cause du désastre.
Nous sommes loin de la parole de Géruzez :
« Le signe de la bonté chez les jeunes
gens, c'est d'aimer les vieillards. » Souverainement méprisée par la jeunesse actuelle, la femme d'âge mûr, selon les
expressions aussi imagées que choisies...
qui tombent des lèvres fraîches et ver-
meilles de notre époque, n'est plus qu'une
« vieille peau », une « vieille gueule »,
une « vieille carcasse ». Pour compléter ce
vocabulaire naturaliste, j'ajoute que si la
Femme à son automne exhale déjà pour
les sens olfactifs des jeunes gens de l'heure
présente une telle puanteur de cadavre,
elle a grandement raison de s'éloigner
d'eux, de les délaisser et de porter ailleurs
son cœur, son énergie, ses facultés. Les
joies du foyer n'étant plus, elle s'en créera
d'autres : celles de l'esprit. Celles-ci, unies
à la douceur du devoir accompli, lui don-
neront la sérénité des muettes et hautes
résignations, celles qui terminent toute
vie vouée à la consolation des souffrances

humaines. « Il y a du vide, dit l'expérience
de Voltaire, dans toutes les choses de ce
monde : mais il y en a moins dans l'étude
qu'ailleurs : elle est une grande ressource
dans tous les temps et nourrit l'âme jusqu'au dernier moment. »

L'influence des idées féministes sur le
mariage contemporain dans les basses
classes se borne à la révolte légitime contre
le régime barbare de la communauté légale. La Femme ne réclame que son dû en
exigeant que son salaire lui soit acquis.
Les efforts du Féminisme, en imposant une
réforme du Code attendue depuis trop
longtemps. tendent à la suppression d'une
monstrueuse injustice.

Pour le reste, l'admirable femme du
peuple, toujours supérieure à son compagnon, s'en tiendra aux quatre domaines à
elle assignés par l'empereur allemand :
« Kinder, Kirche, Kleider, Küche » (les
enfants, l'église, les vêtements, la cuisine).
Elle oublie trop souvent — et la nation
avec elle — qu'enfanter. allaiter. élever

des enfants, administrer un ménage, c'est une profession ! Elle perd de vue que tout ce qu'elle économise a une réelle valeur pécuniaire : faire entrer l'argent dans la maison, c'est méritoire ; l'empêcher d'en sortir, ce l'est bien davantage.

L'évolution économique féminine qui se prépare donnera un sérieux apport budgétaire à la communauté. Aujourd'hui, quatre-vingt-dix femmes sur cent se dispensent des besognes manuelles de jadis : celles-ci se font mieux et à meilleur compte au dehors. Déchargées de plus en plus de bien des choses indispensables à la vie, lesquelles prenaient tout leur temps ; armées d'une forte éducation professionnelle, elles pourront, au logis, jamais à l'extérieur, en exécutant des travaux industriels, augmenter les ressources apportées par l'homme dans le ménage.

Des réformes purement humanitaires s'imposent aussi dans certains emplois (trop peu nombreux) accessibles aux femmes de toutes les classes, aux indé-

pendantes qui veulent gagner leur vie,
Mme Séverine a écrit, dans le *Gil-Blas* du
22 janvier 1903, un émouvant article sur
le personnel téléphonique : « C'est ruiner
la santé et décimer tout un pauvre peuple
féminin que de le laisser travailler, de le
voir lutter, de le faire souffrir dans des
conditions d'hygiène et de labeur qui
engendrent de véritables tortures. »

Le Féminisme veut non seulement le
relèvement de la Femme, il veut aussi
l'amélioration de son bien-être physique
et moral. N'oublions pas que c'est elle qui,
par la race, fait le pays. Si quelques rares
progrès ont été accomplis, combien en
reste-t-il à réaliser !

Il s'agit pour l'Humanité d'un apport
futur considérable d'énergie, de beauté,
de grandeur.

Puisse le xxe siècle s'en souvenir !

CHAPITRE VI

Le Féminisme et les Arts.

Dépravation actuelle du sentiment plastique.
Proscription de l'Idéal en Littérature.

த

L a théorie esthétique qui dans l'art plastique et la littérature actuelle, prône le réalisme, est un réalisme qui, au lieu d'exprimer la nature, s'en éloigne et la déforme. Les amoureux de lignes nobles, les amants de belles courbes, tous les fervents d'art pur ont maudit cette manifestation du Féminisme « sectaire » qui en

menaçant d'obscurcir les règles éternelles
de l'éternelle beauté, oblitéra le sentiment
plastique. La Femme donna le funeste
signal, et, à la suite de sa chevauchée à
travers l'Erreur, nous sommes restés sous
le règne du laid... A la dégénérescence de
l'Idéal correspond généralement l'étiole-
ment du goût. Un Grec de l'antique Pélo-
ponnèse serait, en regardant les garès
de notre Métropolitain, subitement atteint
d'attaques épileptiques.

Par les multiples exercices masculins au
moyen desquels elle voulut dompter son
corps, la Femme perdit toute séduction
physique. Enfourcher des « bécanes »,
s'habiller en zouave, combiner des cra-
vates, des cols, des chapeaux d'homme,
et sous ces déguisements divers — plutôt
carnavalesques — faire du « sport » à
outrance, telle fut l'incessante préoccupation de la femme « moderne » engen-
drée par le Féminisme « sectaire ». Était-
ce un mâle? Était-ce une femelle? Aucun
des sexes ne voulait revendiquer cette

silhouette arquée, aux cheveux fous, à la
face violacée, boursouflée, aux yeux rou-
gis par le vent et la poussière, à la bouche
contractée, d'où sortait un jargon de cabaret. Et la « chauffeuse »! Enfouie sous
les dépouilles des animaux polaires, yeux
monstrueux, verres noirs, c'est un hybride
entre l'ours et le scaphandrier!

Ruskin dut rendre son âme esthétique
à l'instant précis où il vit passer, ainsi
accoutrée, la Femme (!) créée pour con-
courir à l'harmonie, à la beauté des choses
de l'univers!

Si Vénus eût osé monter sur un piédestal autre que sa conque marine, les dieux
l'eussent déclarée déchue. Ajouterai-je que
la déesse sortant des flots était, dans sa
nudité, plus décente que la femme « nouvelle » à califourchon, vêtue comme l'autre
sexe.

Il y eut chez cette dernière — à son
insu — une étroite corrélation entre l'effa-
cement volontaire de ses seins, de ses
hanches et l'abdication des grâces de son

esprit. D'ailleurs, où, quand, comment cultiver cet esprit (qui doit avoir des « clartés
de tout ») (¹), absorbé à « *couvrir* des kilo-
mètres en évitant des *pelles* »? Lorsque,
grâce à une autre éducation, la Femme
sera pondérée, elle comprendra la nécessité de l'équilibre entre la dépense physique et l'effort intellectuel. Et cet équilibre
lui donnera la santé du corps comme celle
de l'esprit. Alors, et seulement alors, elle
créera l'Art, ce pain spirituel de l'Humanité ; l'Art, une des plus belles illusions
qui nous aident à supporter la vie ; l'Art,
« expression de la joie donnée à l'homme
par le travail de Dieu ».

On ne peut, sans l'émotion du Beau,
créer un monde neuf. Cette émotion,
l' « Idéal », nous sommes impuissants à
la traduire sans le secours des formes sensibles de l'Art. Dans sa nouvelle vie spiri-
tuelle, l'Ève future inspirera les rêveries
exquises ; les pages qui chantent ce qu'il

1 CARO

faut aimer ou glorifier, pleurer ou bénir;
les pages divines des poètes de prose et
de vers. Elle les remettra en honneur. Son
âme en sera enveloppée de beauté, nos
existences d'hommes, de bonheur. Au lieu
de fréquenter les lieux d'indécence où se
délecte actuellement son âme, asservie et
déchue, elle se souviendra du patrimoine
esthétique que lui ont légué les ancêtres.
Elle reconstituera, avec son esprit d'initiative, les fêtes intelligentes, les divertis-
sements poétiques où, naguère, se com-
plurent de grands cerveaux.

Ce jour-là, c'est elle qui offrira à l'homme
un bouquet spirituel.

Si le Féminisme « rationnel » met hors
de cause les carrières libérales qui, pour
la Femme, viennent se heurter à des questions d'ordre physiologique que le Féminisme « sectaire » veut ignorer, il préco-
nise hautement, dans les arts, les professions auxquelles elle a droit. Dans ce
domaine, il s'en trouve de nombreuses
qui, s'harmonisant parfaitement avec l'or-

ganisation spéciale de la Femme, forti-
fieraient son intelligence, élèveraient son
cœur, donneraient de la dignité à sa vie.

Les êtres de l'Humanité qui aiment les
arts, qui les connaissent, les cultivent ou
les encouragent, font naître des roses au
milieu des neiges, a dit quelqu'un. Ce
quelqu'un a dit vrai.

Je ne puis trop répéter que lorsqu'il
s'agit de Féminisme, on n'a jamais en vue
que la femme mariée. On oublie toujours
l'autre : celle qui ne l'est pas, ou ne l'est
plus. Pourtant, le gros écueil dans l'existence de celle-ci est précisément l'époque
ou ayant épuisé joies, devoirs, succès,
soucis, elle se trouve désœuvrée, solitaire,
désintéressée; où, faute d'aliment pour
son cœur et pour son esprit, elle verse
dans la médisance ou la bigoterie (souvent
dans les deux!).

Élevée de façon autre, elle s'adonnerait
à une profession ou à un art qui (son
printemps et son été ayant pris fin) com-
blerait le vide créé par les circonstances.

Elle serait alors digne du respect qu'on accorderait à son hiver. A cet hommage, mélancolique privilège de la maturité des ans, viendrait se joindre cette estime déférente très particulière qu'on ne donne qu'aux êtres qui, à force de vaillance, ont surmonté la vie.

Or, l'Art est l'empire idéal de la Femme, parce qu'elle y trouve tout ce dont ont soif son âme, son intelligence, voire ses... nerfs !

Le passé de la Femme dans l'Art est une glorification ininterrompue du rôle étincelant et fécond qu'elle y a joué ! L'influence qu'elle exerça sur les évolutions de l'esthétique, les grands génies dont elle fut l'inspiratrice, les chefs-d'œuvre pour lesquels elle servit de modèle, la protection éclairée qu'elle accorda aux Maîtres, enfin le talent et l'initiative qu'elle déploya pour doter d'innombrables richesses d'art ses différentes patries, forment des pages de son histoire aussi merveilleuses qu'instructives.

Pourquoi l'art grec est-il resté grand, immortel? Seul il eut le culte sacré de la Femme.

Créer un chef-d'œuvre est noble; inspirer ce chef-d'œuvre est non moins noble.

Certains esprits ont objecté, objectent encore qu'au point de vue féminin l'Art est immoral. Mais en Grèce, le sentiment du Beau était inséparable de l'idée de la décence la plus parfaite, de la morale la plus délicate. L'immoralité n'existe pas pour ceux qui sont aptes à s'assimiler, capables de comprendre, donc de juger, une œuvre soi-disant immorale ou un livre réputé malsain. L'Art exerce sur nous une action tellement bienfaisante qu'on peut hardiment le surnommer « le grand consolateur de l'Humanité ».

Goûter une chose d'art, c'est goûter la proportion, la symétrie, l'ordre. Goûter ces qualités, c'est en ressentir l'amour, c'est en avoir le besoin, c'est en contracter l'habitude; or, les yeux qui connaissent de la beauté ont de l'harmonie dans la pensée. Platon dans son *Timée* le dit éloquemment.

Aucun peuple civilisé ne saurait vivre sans art. Lors du défrichement de son sol, l'Amérique ne put se distraire d'un labeur qui lui assura sa puissance; le souci de sa destinée prima tout. Mais aujourd'hui, dans son pays, né d'hier, l'Américain souffre d'une absence de tradition de beauté dans la patrie. Et lorsqu'après avoir livré son rude assaut aux dollars il s'accorde quelque repos, c'est chez nous qu'il vient s'imprégner de splendeurs artistiques. C'est une halte indispensable au milieu de sa vie pratique et fiévreuse. S'il ne sait pas encore rêver sous les vitraux anciens de nos arcades gothiques, il retire des spectacles de beauté dont il emplit ses yeux un sentiment qu'il ignorait, auquel à son insu son âme aspire. Nous autres, Latins, nous sommes inconscients des richesses de bonheur que nous devons à notre passé d'art.

Les historiens de la Renaissance italienne sont unanimes à déclarer que la femme de cette époque contribua magnifiquement à faire de ce temps un des plus radieux moments d'efflorescence du génie humain. Pourquoi? L'instruction de la femme d'alors ne le cédait en rien à celle de l'homme. Aussi sont-elles en très grand nombre les femmes qui firent de leur cercle, brillant ou modeste, des centres intellectuels où le Beau, où l'Art furent accueillis avec enthousiasme, où ils reçurent une protection éclairée. En France, à cette époque, à quelque situation brillante qu'elles appartinssent soit par leur beauté, soit par leur génie, elles furent ornées des grâces du foyer; elles demeurèrent pleines de dévouement familial, de foi patriotique. Aussi leur pays fut-il grand et fécond.

Plus tard, lorsque les femmes savantes furent ridiculisées; que, par voie de conséquence, on ne voulut plus souffrir les femmes instruites, la raison de cette sorte

d'ostracisme fut sans doute qu'il eût été
impoli, malséant de faire honte au très
grand nombre d'hommes ignorants!

L'Art étant une des formes de l'Idée, il
ne faut pas méconnaître la très haute
mission sociale de la Femme comme protectrice des arts: toujours, partout, elle fut
la véritable initiatrice des renaissances.

Aucune particularité physiologique, que
je sache, n'établit, pour créer une œuvre
d'art, la moindre supériorité d'un sexe sur
l'autre. Socialement, la Femme a donc le
même droit que l'homme à une instruction qui lui permette de devenir un
Raphaël, ou simplement d'acquérir les
connaissances nécessaires à l'exercice d'une
profession indépendante et honorable. La
réalisation d'un problème d'émancipation
considéré tour à tour comme un rêve
malsain, comme une utopie galante,
comme un danger pour la moralité de la
société, démontrera un jour ce que, lorsqu'il y est devenu une richesse intime et
familiale, l'Art peut faire gagner au foyer.

C'est avec son concours que la Femme y déposera beaucoup de son cœur. Reflété dans son âme, il illuminera une demeure où l'atmosphère créée par elle restera comme la caresse compensatrice des brutalités de la vie.

L'auteur de *Fors clavigera* (¹) parle ainsi : « Partout où va une vraie épouse, le « home » se transporte avec elle; peu importe que sur sa tête il n'y ait que des étoiles et à ses pieds, pour tout foyer, que le ver luisant dans le gazon refroidi de la nuit, le « home » est partout où elle est, et si c'est une noble femme, il s'étend autour d'elle, au loin, mieux que s'il était plafonné de cèdre ou peint de vermillon, répandant sa calme lumière sur ceux qui autrement seraient sans foyer. »

Plus loin, il dit aux femmes : « Croyez-moi, la vie entière et le caractère entier de ceux qui vous aiment sont entre vos mains : ce que vous voudrez qu'ils soient,

---

1 RUSKIN

ils le seront si vous ne *désirez* pas seulement, mais si vous *méritez* qu'ils soient ainsi. »

Outre qu'un spectacle de beauté peut engendrer le génie, l'amour de la nature et de l'Art, sans faire refleurir la foi perdue, redonnent le courage à la vie, pansent la plaie de l'isolement. L'homme demeure extasié devant certaines manifestations de nature et d'art qui n'ont aucune fonction (apparente) dans son existence, tels, par exemple, des rochers grandioses, des montagnes arides qu'il n'ensemencera jamais, ou encore les reflets d'eau, des couleurs de nuages, des atmosphères indescriptibles qu'il essaiera de fixer sur la toile, ou par des sons, ou dans de la poésie. La nature est une réunion de forces : elle est de la beauté, de la beauté bienfaisante. L'Art, qui en découle, est si essentiellement civilisateur, que celui qui y est sensible rarement devient criminel.

Pourquoi toute chose d'un idéal élevé ne devient-elle pas le bien durable d'une

nation? Parce que les démocrates de la
nation n'aiment à regarder qu'en bas.
Ainsi, ils abaissent ce qui est élevé. Mais
si « instruire » le peuple signifiait un jour
« lui offrir de l'Idéal », au lieu d'abaisser
ce qui est élevé, le peuple élèverait ce qui
est en bas. Il comprendrait que le nivellement qui entraîne les meilleurs à ressem-
bler aux pires n'est pas le vrai nivellement ;
que le vrai nivellement, au contraire, est
que les pires fassent effort pour se rapprocher des meilleurs. Il n'est pas obtus,
le peuple, devant une manifestation d'art.
Tout incompréhensif qu'il soit dans bien
des cas, il éprouve devant une chose d'art
de lui inconnue un émoi pieux dont le
silence est une humilité, non une mo-
querie muette ; un respect, non une
curiosité ; un effort d'apprendre ce qu'il
ignore, non du mépris. L'Art doit être
le privilège de tous : il donne à chacun
plus de justice, plus de bonheur, plus de
joie. Rapprocher l'Art de la foule, ce
serait, au point de vue social, réaliser un

bien dont les conséquences sont incalculables.

Offrir de l'Idéal au peuple après ses durs labeurs ! ! Mais il en a besoin plus que qui que ce soit au monde! Une civilisation erronée non seulement n'a pas cultivé l'instinct de l'esthétique dans les basses classes, mais elle l'a laissé dégénérer en le faussant, en le pervertissant. Aussi. sans la culture de cet Idéal, qu'arrive-t-il aux classes laborieuses? Elles s'abaissent, se corrompent, glissent dans l'égout. Si son logis était embelli — tout est relatif — de quelques riens agréables à l'œil mettant une note gaie aux murs les plus humbles, lorsqu'il rentre le soir, harassé, mort de fatigue, l'ouvrier songerait-il à délaisser son foyer pour courir au cabaret? Non !

Une manifestation d'art quelconque, si chétive qu'elle soit, sera plus puissante que les discours les plus éloquents, à retenir l'artisan à son foyer : elle lui fera oublier momentanément la maussaderie, les misères de la vie.

L'Art, bienfaisant chez les grands comme chez les petits, au lieu d'entretenir la révolte, le dégoût de l'existence, fera accepter cette dernière sinon avec plaisir, tout au moins supportablement. Il enseignera que dans les diverses tâches imposées à chacun, aucune n'est inférieure; que toutes sont nécessaires; que, pour qui sait la voir, de la beauté est contenue dans chacune d'elles. Comme l'émotion artistique contient de l'altruisme, « que l'Art enlève l'individu à lui-même pour l'identifier avec tous (¹), » et que ce sentiment est plus féminin que masculin, c'est à la Femme que sera dévolu le culte de l'Art, affiné ou naïf. Dans ces temps à venir, elle saura que renoncer aux traditions, c'est renoncer à l'Idéal: que renoncer à l'Idéal, c'est renoncer à ce qui fait supporter la vie !

Quant à la véritable proscription que nous pouvons constater chez nous, à notre

---

1. GUYAU L'Art au point de vue sociologique, Préface, p xliv

époque — au xx° siècle! — de l'Idéal en
littérature, est-il possible d'en faire remonter la responsabilité à une autre cause
que nos mœurs, qu'à l'état de nos cœurs
et de nos nerfs, à l'éducation ultra-
moderne de nos yeux et de nos oreilles,
qui acceptent des... hardiesses, supplice
des délicats. Aujourd'hui, la critique littéraire est de la critique sociale d'où les
préoccupations morales ne peuvent plus
être bannies. A ce propos, Ruskin dit :

« Il n'y a pas eu d'exemple jusqu'ici d'un
peuple réussissant dans les nobles arts, et
cependant chez qui les jeunes gens étaient
frivoles, les vierges faussement religieuses,
les hommes esclaves de l'or, les mères
esclaves de la vanité. De tout le marbre
des collines de Suino, jamais une pareille
nation ne pourrait former une statue digne
de se dessiner avec fierté sur le fond des
cieux. »

Nous sommes loin, bien loin de pouvoir dresser la statue en question; pour
seulement l'ébaucher, il faudrait posséder

une littérature « propre » et mettre à l'index ces malfaiteurs publics : les écrivains immoraux qui inondent la masse de leurs écrits malsains et abjects. Si dans les romans il n'y a plus d'amour (malgré l'illusion qui consiste à croire que les romanciers du jour n'en ont jamais tant parlé), c'est qu'il est remplacé par les maladies diverses de l'amour. Celles-ci sont l'apanage des femmes, spécialement des névrosées parisiennes. Aimant à être entretenues de leurs névroses variées, ces femmes sont peut-être, de l'heure actuelle, les seules qui lisent encore. Partant, beaucoup d'amants, plus d'amoureux... Avec sa finesse et sa profondeur ordinaires, M. H. Kistemaeckers résume dans *Jeannine* cette absence d'amour en notre littérature contemporaine. L'amour, dont pourtant l'époque est avide, est absent de l'époque.

« J'émettais naguère, dit-il, cette impression à la générale de B..., dont les yeux noirs ont gardé de jeunes lueurs sous le casque aristocratique des cheveux blancs.

Elle resta pensive une minute ; puis, brusquement haussant les épaules : « Comment,
» dit-elle, voulez-vous demander de *le* bien
» décrire à des gens qui ne savent plus *le*
» faire ? » Lorsque chez un peuple s'affaiblit
puis disparaît le sentiment du Beau —
c'est-à-dire le culte de la Femme — cette
éclipse vient de ce que la Femme ne sait
plus distinguer ses plaisirs de ses devoirs :
ce peuple, alors, glisse sur une pente
fatale.

Pendant que dans leurs pages grossières
les prosateurs et les poètes français couvrent la Femme de mépris, lui lancent à
la face les choses les plus ordurières, lui
proposent tout ce qui devrait l'offenser,
les romanciers et les écrivains de l'Anglo-
Saxonne, de la Finnoise, de la Scandinave,
créent pour elle et par elle des œuvres
idéalistes où elle est auréolée de beauté et
de bonté. Leurs plumes savent souligner
et faire comprendre que pour conquérir
l'amour, tout en y songeant toujours avec
délicatesse, il ne faut jamais en parler avec

grossièreté. Elles se refusent donc à la mise en évidence incessante — comme chez nous — de sa fonction mystérieuse : la vulgarisation de celle-ci, loin de rehausser l'amour, le découronne et enlève au baiser la magie de ses délices et de ses promesses.

Au sommet de la pensée, la Femme, par son essence même, est et reste une sentimentale, un être qui, insciemment, aime le rêve. Or, chez nous, la littérature d'amour ne fait pas rêver...

Nos livres, nos œuvres dramatiques, disqualifiant l'amour, il est dans l'enchaînement fatal des choses que le bon sens en soit exclu : pourtant, sans ce dernier, aucune composition littéraire n'attache réellement, intimement, le lecteur à l'auteur. La logique, autrement dit le sens commun, le jugement font la solidité. C'est cette solidité qui assure l'immortalité aux grands auteurs français du xvii° siècle.

Aussi, quand par hasard, de nos jours, un écrivain chante la Femme de façon vibrante, s'il glorifie l'amour, c'est qu'il l'a senti. S'il a réellement aimé et souffert, c'est d'un jugement sûr, uni à l'Idéal, qui poétise la souffrance, qu'il décrit la vie réelle. Ce livre aura plus de succès que ceux où s'étale le cynisme en vogue. Le bon sens, le sens commun en sera la base.

Les bonnes Fées furent conviées au berceau de la France pour la doter des qualités superbes qui firent la grandeur de sa race. Une seule d'entre elles fut oubliée : la Fée du sens commun! Cet oubli a failli plus d'une fois conduire le pays à sa ruine...

Voltaire, dans une boutade, écrit à son meilleur ami (¹) : « Ah! pauvres Français, réjouissez-vous, car vous n'avez pas le sens d'une oie! »

Grande Fée d'antan négligée, tu te réfugies dans l'âme de ceux qui instruisent leur esprit, qui cultivent leur cœur!

---

1. Le comte D'ARGENTAL *Correspondance générale,* lettre CX

Il serait trop long de parcourir, même hâtivement, les nombreuses époques littéraires, qui ne furent telles que parce que la Femme régna sur la pensée des poètes. Depuis l'aède antique, dont les rythmes d'or résonnèrent sous le bleu des cieux helléniques, jusqu'à la poésie romantique du XIXe siècle, qui est celle où les romanciers psychologues se réfugient dans l'âme féminine, l'idée de la féminité est formée par des femmes aussi innombrables et diverses que les ondulations irisées de la mer. Elles sont Protée... peut-être comme lui pour ne pas dévoiler l'Avenir... Donner la vie au monde est insuffisant : il faut aux âmes le rêve, ses joies, jusqu'à ses souffrances. Depuis l'origine, la Femme synthétise toutes les beautés. Elle continuera, jusqu'à la consommation des siècles, en lui versant les songes divins, les seuls qui méritent d'être vécus, à faire éclore et à étayer de plus en plus le génie de l'homme. Elle aura pour lui cette tendresse particulière qui est la poésie de l'héroïsme. Ses lèvres et son cœur gardent le secret des ivresses et des extases. Elle a été, elle est, elle restera la grande révélatrice des abîmes de douleur et des félicités suprèmes.

CHAPITRE VII

La Femme et l'Humanité.

OUTES les questions morales, sociales et physiques qui se posent spontanément devant le problème du Féminisme sont incluses dans les sommaires des chapitres précédents. Elles peuvent se synthétiser sous ce titre : « La Femme et l'Humanité. »

Plût au ciel que les grands mots ne fussent que les interprètes des grandes idées !

Les réflexions qui se dressent devant

un examen, même superficiel, de conceptions aussi vastes que profondes ne
sont pas faites pour exalter notre orgueil.
Elles nous montrent la raison humaine,
abandonnée ici-bas au milieu d'un immense mystère, allant à l'aventure, ânon-
nant infiniment plus d'erreurs qu'elle ne
bégaie de vérités...

Ah! c'est que la fleur divinement bleue,
la fleur d'idéal et de lumière, croît sous
un dôme inextricable de chardons hérissés,
de ronces rougies...

Et la main brutalement orgueilleuse de
l'homme, qui veut la saisir, recule sous le
frôlement douloureux des orties, sous la
morsure ensanglantée des épines...

Une lueur pâle mais irradiante, projetée
de temps à autre à travers les siècles par
la tige étincelante, filtre faiblement sous
l'épaisseur du voile menaçant qui jalouse-
ment la garde. Mais elle suffit à guider les
tâtonnements fébriles des âmes avides de
cueillir la fleur de justice. Elle leur envoie
avec son parfum d'ivresse la leçon su-

prême de la vie : une indulgence pleine
de paix envers tous!

Goethe dit : « Bien des choses nous
seraient mieux connues si nous voulions
les moins connaître *analytiquement.* » En
effet, la maladie de l'analyse sévit si fort
qu'elle courbe l'esprit sur la complexité
des choses, lui coupe son vol vers les
grandes lignes d'horizon. Nous retardons
l'affranchissement moral de l'Humanité...
en reculant l'heure lumineuse de comprendre.

Nous n'avons pu examiner, dans ce travail succinct, l'époque de la polyandrie,
donnant un avantage temporaire à la
Femme. L'homme n'y eut qu'une préoccupation : échanger cet état contre celui
de la polygamie. C'est dans cette période
d'infériorité dernière que naquit, que se
développa la vertu féminine. Elle fut formée à une école terriblement rude par le
mâle polygame, violent et brutal, qui
tuait, vendait ou prêtait sa femelle selon
son intérêt. Libre de toute contrainte pour

son propre compte, il exigea d'elle, il lui inculqua la fidélité, point de départ de la moralisation du couple humain.

La morale est-elle jamais autre chose que ce qu'on exige d'autrui !

Pour le sociologue impartial, la polyandrie, la polygamie, la monogamie furent des états successifs de l'Humanité dont (quelque humiliant qu'en soit l'aveu) ni la religion ni la morale ne furent des facteurs importants.

Il me faut insister ici un instant sur la question de l'*économique*, inséparable de l'avènement du Féminisme.

Les vérités suivantes, que je n'effleure même pas, que je cite seulement, sont empruntées au beau livre de M. Ch. Letourneau que je signale plus loin, et qui les traite de façon magistrale.

Tant que les lois cosmiques assureront à l'homme sa demeure sur la planète, un fait primordial, impérieux, le dominera : la nécessité absolue de réparer, de reconstituer quotidiennement son corps, lequel, jeté dans un milieu qui l'use, qui l'endommage, tant extérieurement qu'intérieurement, doit lutter contre l'incessante détérioration.

Dans son œuvre de haute portée, *l'Évolution morale*, M. Ch. Letourneau dit très justement que tout esprit attentif, libre de préjugés et possédant une dose suffisante d'humilité, retrouvera dans l'éthique des peuples cette identique nécessité, autrement dit, que ce qu'il y a de moins élevé (pour ne pas dire ce qu'il y a de plus bas) dans l'homme a joué sur la terre un rôle autrement considérable que les choses plus nobles qu'il a pu acquérir.

Pourquoi?

Parce que la loi toute-puissante de son évolution exige que celles-ci soient subordonnées à celles-là. Loi impérieuse, féroce, qui veut que les nobles choses s'inclinent devant la plus légère nécessité économique à satisfaire.

Si c'est une gloire pour l'esprit humain d'avoir écrit des livres comme ceux de

MM, Paul Lacombe (¹) et Ch. Letourneau (²), il serait à coup sûr fort utile
qu'on les lût et que l'on se les assimilât.
Hélas! fasciné qu'il est par les lectures
scandaleuses, obscènes, de son époque, le
grand public ne les connaît même pas!

Ajouterai-je qu'aucune théocratie, qu'aucune page d'évangile ne contient une
leçon d'aussi profonde humilité que les
réflexions suggérées par ces deux ouvra-
ges!

Après cette digression, nous voyons
que, comme à sa genèse, comme aujour-
d'hui, comme dans l'avenir, le développement humain a subi, subit encore,
subira toujours des oscillations et des
secousses fatalement soumises à ses néces-
sités, à ses intérêts *économiques*. A son
heure, cette loi omnipotente imposera le
Féminisme à notre société moderne. Par
suite du phénomène *économique*, l'homme
ne pouvant plus comme jadis nourrir la

---

1 *La famille dans la société romaine*
2 *l'Évolution de la morale*

Femme, celle-ci devra elle-même pourvoir à ses propres besoins. Le triomphe final du procès séculaire de la Femme contre l'homme semble certain, non pas à cause de l'*égalité*, mais à cause de l'*équivalence* des fonctions, qui mène à l'*équivalence* des droits.

L'épopée grandiose, vertigineuse, de la lutte des sexes, que nous avons entrevue au premier chapitre de cet ouvrage, n'a connu de halte qu'aux rares époques où cette dualité fut en équilibre parfait. Alors, et seulement alors, resplendirent, pour la plus grande gloire de la terre, les civilisations dont notre esprit garde un si magnifique souvenir.

L'homme n'a pas compris cette loi, révélée par l'Histoire à chacune de ses pages. Il sera donné à la Femme de se l'assimiler le jour où, ayant une culture selon les aptitudes de sa nature, elle aura conscience que l'Humanité contient deux facteurs très *différents*, mais *équivalents*, chacun avec ses qualités, ses facultés, ses

dons et ses droits parallèles, non diver-
gents.

La cause de la Femme est celle de
l'homme, et inversement. C'est parce que
l'homme n'a pas voulu que sa cause propre fût celle de la Femme que l'Humanité
fléchit sous la faute oppressive.

Il n'y a pas deux Humanités, il n'y en a
qu'une. Elle est confiée à la Femme pour
l'œuvre de régénération promise à l'avenir. C'est elle qui l'accomplira, avec non
moins d'éloquence vengeresse que de cou-
rageuse vertu.

Ensemble, l'homme et la Femme devront s'abaisser ou s'élever, pour devenir
des pygmées ou des géants.

Partageant tout avec son compagnon :
ses nuits, ses jours, ses joies, ses douleurs;
marchant avec lui vers un même but, si
la Femme a des sentiments mesquins, si
elle n'a aucune largeur de vues, si ses
idées sont étroites, si elle est légère, pauvre d'âme, comment deviendra-t-il grand?

Il faudra donc qu'elle fasse d'elle-même,

pour rénover l'Humanité, un être s'appartenant, je veux dire que par une carrière
ou une occupation assurée, elle soit libre
de se garder ou de se donner. Très vite
elle apprendra ce dont doit être ornée sa
nature *distinctive* de Femme. Se faire
pareille à son compagnon, c'est tuer
l'amour. Son lien le plus cher n'est pas
celui de semblable à semblable ; c'est
celui qui unit deux natures, lesquelles,
tout en se ressemblant, diffèrent considérablement.

Aussi impropre que l'homme à faire sa
partie seule dans le concert humain, la
Femme concentrera tous ses efforts non
pour le solo, mais pour le duo, ce duo
grandiose du couple humain vers lequel,
depuis des milliers de siècles, est tendue
en vain l'oreille attentive de l'Humanité,
ce duo magnifique où la Femme sera « en
harmonie avec l'homme comme une musique parfaite avec de nobles paroles ». De
l'union de ces deux intelligences *autres*,
mais de *même valeur*, différentes, mais se

ressemblant, surgira la force efficace nécessaire pour combattre l'hostilité si
cruelle de la nature. Leurs deux efforts
réunis ayant pour ainsi dire *unifié* leur
dualité, l'homme et la Femme seront le
pilier superbe de ce temple de l'univers,
l'Humanité; le ciel en sera le dôme, et,
harmonieusement, la terre en sera la base.

Dans ces temps — proches et lointains — le génie sera féminin autant que
masculin. Celui de l'homme, loin d'en être
diminué, n'en sera que plus beau, plus noble, considérablement plus riche. Alors, sur
leurs ailes jointes et croisées, ces deux
génies porteront les fruits immortels de
l'amour. Cet amour de l'avenir sera une
conception très neuve de la vie. Je dis
amour, non passion : ce temps-là sera
plus fécond en amour qu'en passion. Les
contrastes d'où il naîtra seront tellement
multipliés qu'il en résultera pour les deux
sexes une séduction infiniment plus forte
que celle d'aujourd'hui. Cette séduction,
avec ses nuances plus diverses, plus écla-

tantes, surtout plus durables, ne se bri-
sera plus sur l'écueil de cette homogé-
néité morale qui existe actuellement entre
l'homme et la Femme, identité due à
l'arrêt de l'essor féminin, qui trop souvent tue l'amour. Développés par l'esprit
et par le cœur dans leur originalité intégrale, ils se compléteront d'autant plus
merveilleusement qu'ils seront plus différents. Pour jouir de la belle harmonie
des âmes il faut en connaître les nuances.

De cette harmonie nouvelle, avec la con-
comitance des formes, découlera la morale
de l'avenir. Le pays des aveugles est le
royaume de l'homme. Témoin les miso-
gynes, qui s'éloignent de la Femme, fuient
la révélation de sa chair : ils ne compren-
nent pas son rôle dans l'Humanité. Aussi
leur échappe le sens du contraste, qui
s'acquiert par la pratique des humains
et des événements. Ils s'éviteraient une
future défaite en examinant les merveil-
leux enseignements de la nature. Les
infusoires ne se rajeunissent que par leur

conjugaison. Pourquoi, quand l'évolution du cerveau féminin sera complète, le cerveau masculin ne se rajeunirait-il pas à son contact? Jusqu'ici une absurde et illogique juxtaposition des sexes a refoulé la radieuse synthèse, qui fera s'épanouir, comme en un bouquet de feu d'artifice, des idées merveilleuses et nouvelles. Et pourtant ces idées feront de l'existence future une efflorescence de progrès sociaux conduisant à une vie morale intensivement riche, élevée, vigoureuse. Arrêter aujourd'hui la Femme dans son élan vers sa culture, vers sa liberté, est vraiment aussi puéril que se jeter au-devant d'un train pour l'arrêter dans sa marche.

C'est par la Femme, par la puissance qu'elle détient sur les destinées de l'Humanité, par la vie de son cœur — qui sera faite bien plus de ce qu'elle donnera que de ce qu'elle recevra — que notre civilisation sénile (après la crise formidable que nous traversons) se rafraîchira aux eaux vives de la mentalité féminine.

J'ai dit : « ... par la puissance que la Femme détient. » C'est qu'en effet la nature lui donna le mystère des dominations : inutile à notre masculinité de protester : c'est un fait.

Cette nature mit en elle des froideurs qui nous font ses esclaves, des ardeurs qui nous affolent. Elle l'arma de tendresses, de charmes, de fantaisies, d'exigences qui tour à tour nous brisent, nous captivent, nous assagissent, nous énervent. Et pour couronner son œuvre, elle lui fit don de l'héroïsme, chez la Femme un élan que nous n'égalons que par la volonté. La déclarer seulement l'ornement et la douceur de la vie, c'est lui faire une part grotesquement mince : elle est par-dessus tout le centre et le pivot de cette vie.

La preuve?

Pour elle nous nous perdons autant que par elle nous nous sauvons.

Que sert de mépriser son corps, son âme, et de les tenir en servage?

Manon a écrit : « Partout où la Femme

est honorée, les divinités sont satisfaites. »
Les nôtres doivent être de bien méchante
humeur...

On connaît un arbre à ses fruits : l'Humanité saura savourer ceux que produira
la Femme éduquée et instruite.

Que dira alors Shiva, qui, rendant hommage à Parvati, son épouse, s'écriait jadis :
« Sans toi, ô Femme, nul ne peut pros-
pérer et vivre, qu'il soit dieu, rajah, ascète
ou mendiant. »

Que les âmes féminines qui aspirent au
perfectionnement où seront amalgamées,
avec des droits nouveaux indispensables,
les grandes choses de la tradition, gardent leur réserve de force. Cette réserve,
très fraîche, très vigoureuse, est refoulée
depuis des siècles.

Dans le futur bouleversement des
temps, l'âme masculine y aura recours...
L'Histoire témoigne que, aux époques de
décomposition, l'égarement des hommes
dépasse toute imagination.

A l'heure de trouble et d'angoisse, quand

tout semblera périr, seule la Femme révélera ce qui reste immuable : la foi, la fidélité, l'enthousiasme.

La nouvelle espérance et l'idéal nouveau ne peuvent s'épanouir que sur la souffrance du monde et sur sa muette poussière.

La Femme d'aujourd'hui ne sait plus aimer ; celle de demain le saura, car « l'amour est un grand soleil dont, à travers les ténèbres, elle a gardé l'éblouissement » ([1]). C'est pourquoi elle détient la Beauté et la Bonté, splendeur de la Beauté. Ce privilège la mènera à une perfectibilité de beauté morale qui lui permettra d'avancer sa main pour cueillir la fleur bleue étincelante, la fleur de justice. Et devant la magie de cette main de mystère, de cette main aux délicates tendresses, chardons, orties, ronces et épines lentement reculeront. La fleur d'idéal enfin conquise, la Femme la chérira merveilleusement. Avec d'infinies précautions, elle la dépo-

---

[1] Yves Mainor.

sera sur son sein, tout gonflé des maux
du Passé. C'est là, et là seulement, que
l'homme respirera le céleste arome qui,
en parfumant les actes de sa vie, y fera
éclore les dons virils des grands cœurs.

La religion contemporaine, la religion
de l'argent, finira — comme toutes les
autres religions — par le manque d'a-
deptes. Sa chute — oh! très lointaine —
sera causée par le souci du bien général.
La Femme, à la tête de ce mouvement
de moralité supérieure, utilitaire, en aura
conçu, réalisé un idéal qui donnera aux
humains plus de lumière, plus de justice,
plus de bonheur.

La Femme et l'Humanité!..... Pensée
aussi vaste que le monde, et dont l'âme
féminine comprendra un jour la grandeur!

Éclairée par la faute lourde de l'homme,
par ses concepts vides, par le néant de ses
expectatives, la Femme, avec son cœur,
avec son esprit cultivé, unira si étroitement sa tâche à celle de l'homme, qu'il

n'y aura plus qu'une œuvre commune.
C'est ainsi qu'elle élèvera son compagnon
avec elle et jusqu'à elle, alors que depuis
les âges il a tenté de l'abaisser jusqu'à lui.
Il n'y aura plus d'interversion dans les
rôles, mais l'union durable et belle de
l'homme et de la Femme, harmonisés ensemble pour la vie... « Ils ne constituent
l'être humain entier et complet que réunis ([1]). »

La part de chacun est admirable ; en
comprendre la toute-puissance, c'est la
respecter. La Femme future se sentira le
complément de l'homme comme celui-ci
se sentira le complément de la Femme.
De plus, elle sera son supplément de grâce
pour combattre l'aridité de la route.

L'ignorance de l'homme quant à la
Femme, ignorance involontaire, incrustée
au plus profond de ses cellules nerveuses
par une innombrable suite d'ancêtres, aura
vécu. Il ne pourra plus méconnaître la

---

1 KANT

valeur féminine. Il sera émerveillé « des richesses de nature enfouies en la serve, devenue la femme de libre expansion » (¹). Celle-ci ne chassera plus l'amour de son corps, qui est son temple, ni de son cœur, qui est son tabernacle, ainsi que le prêchent certaines doctrines féministes « sectaires ».

L'amour? Mais c'est la seule raison d'être de la Femme, donc, de l'Humanité.

Par lui, elle a tiré l'homme de son néant; par lui, elle le régénérera dans l'avenir.

Par lui, ses mains débiles furent puissantes à élever par toute la terre des refuges pour la douleur, des arcs de triomphe et de gloire pour les victorieux.

Par lui, ses doigts tressèrent des bosquets de fraîche verdure où l'homme, harassé par les rudes combats, se reposa, prit des forces nouvelles, en regardant fleurir les âmes et s'épanouir les roses.

---

1 Léopold Lacour.

Amour du Beau, amour du Bien, l'Amour enfin!

Les cœurs féminins de la vie nouvelle lui seront un autel magnifique où l'homme déposera quotidiennement le meilleur de lui-même. Il apprendra que dans les choses qui passent, seule, la Femme demeure. Plus il étudiera sa planète et le mouvement qui l'anime, plus il deviendra conscient que toute vie, toute beauté, sont orientées vers la Femme; que l'urne de nos félicités et de nos amertumes est inclinée vers elle comme les fleuves vers l'Océan; que seule elle détient les heures de vie que sont les heures du cœur. Elle sera le sourire de l'homme comme elle est le soleil du monde.

Et le parfait équilibre de la puissance des sexes, résultant de l'harmonieuse alliance de leur génie, deviendra, avec l'aide du temps, le salut et la grandeur de l'Humanité!

Appendice

☙

ON a pu lire, à la page 86 du présent ouvrage, l'éloge — très mérité — que je fais d'une institution de fondation récente : l'École d'infirmières de Baltimore, créée au moyen de fonds donnés par un riche marchand américain, M. Johns Hopkins.

J'ai à ce sujet émis le vœu qu'une institution du même genre s'introduise un jour en France.

J'apprends, au moment où l'on achève d'imprimer *Mon Féminisme*, qu'une École d'infirmières existe à Bordeaux depuis environ un an, et que le Conseil municipal d'Angoulême se propose d'en fonder une dans cette dernière ville.

C'est le commencement de la réalisation du vœu que j'ai formé, et je suis heureux de pouvoir applaudir à la mise en œuvre de cette idée, noble et féconde entre toutes.

P.

TABLE DES MATIÈRES

BORDEAUX — IMP G GOUNOUILHOU

BORDEAUX, 1911   GOUNOUILHOU

www.ingramcontent.com/pod-product-compliance
Lightning Source LLC
Chambersburg PA
CBHW061014280326
41935CB00009B/958